ポール・スミザーの
「これからの庭」

Gardening with a future

主婦の友社

Gardening with a future

はじめに

未来のある「これからの庭」づくりを！

――ポール・スミザー

Contents

Columbia

Part I

ナチュラルガーデンズ MOEGIの四季

MOEGI through the seasons

八ヶ岳の南麓に10年の歳月をかけてつくられたナチュラルガーデンズMOEGI。
世界にも類を見ない豊かで素晴らしい日本の植生と、美しいバラや多年草の競演、
野鳥やチョウなどの小さな生命を健やかに育む舞台……。

〝自然の韻《うた》が聞こえる庭〟へようこそ！

Gardening with a future

MOEGI through the seasons ―春―

MOEGI through the seasons —初夏—

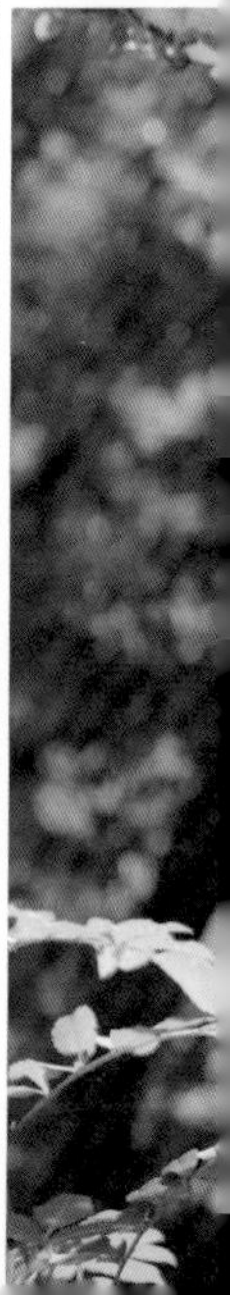

MOEGI through the seasons ―夏―

MOEGI through the seasons ―秋～冬―

2

「これからの庭」のつくり方

——哲学編 Paul's rule

長い間、庭づくりの仕事をしてきた経験から、
私が本当に必要だと思っていることだけを伝えたいんだ。
学校で学んだことの中には、必要ないこと、
間違っていたことがたくさんあった。
「これからの庭」づくりを目指す人に、じっくりとMy ruleについて
お話ししていこう。

Gardening with a future

Paul's rule ❶

庭や植物に対する思い込みを捨てよう

自宅の庭は欠点だらけ清里だからいいの？

ナチュラルガーデンズMOEGIで植物の手入れをしていると、「ここは八ヶ岳だから、きれいに育つのね」「野草はここだから育つけど、都会じゃ難しいでしょうね」なんてことをよく言われるんだ。

清里はみんなが遊びにくる夏の時期は確かに涼しくて快適だけれど、冬が長く、特に八ヶ岳おろしが吹く日は凍える寒さだ。雪がほとんど降らず、降ってもすぐ溶けてしまうので、冬じゅう、茶色の地面がむき出しの状態。土は凍ったり、溶けたりを繰り返し、根っこは押し上げられ、乾燥して、枯れてしまう。早春に芽が動き出したかと思うと遅霜でやられることも。夏場は雨量が少なく乾燥が厳しい。標高1200メートルの清里は、決していわゆる「恵まれた環境」ではないのだ。そして、植栽が楽しめるシーズンが短くて、5月に遅い春が来ると、一気に植物が成長し、10月まで、めまぐるしく急展開する。

私がもし、こんな環境では無理だ、と否定的に考えてしまったら、すべてはそれで終わってしまう。庭づくりをしている人は自分の環境がいちばん恵まれていない、と思っているフシがある。暑すぎる、雨が多すぎる、日が当たらない、乾燥する、狭い、広すぎる、土が悪い、などなど。うまくいかない理由を挙げて、他の環境だったらもっとよい庭ができるのに、という話をよく聞く。

ある施主さんは自分のところは暗くて、ジメジメして、蚊が多くてダメだダメだと言っていた。でも発想を転換することによって、美しい緑に囲まれた、ゆっくりとお茶を楽しみながら心身ともにくつろげるステキなガーデンが生まれたんだ。水はけと風通しをよくすることで、犬のクロちゃんにも気持ちよい遊び場ができたんだよ。

だから、「まず思い込みを捨てて」とあなたに伝えたい。考え方次第でデメリットはメリットに変わる。マイナスをプラスに変えるのは自分次第だ。

アスファルトをはがしてつくった砂利の花壇。とても過酷な環境と言えるが、
植物の種類を適切に選べば、自身の力で元気に育ってくれる。

春に芽を出したギボウシ。その後の勢いには毎年驚かされる。

冬季は植物の上部はすっかり消え失せ、一面が茶色に。ここから夏の隆盛をだれが想像できるだろうか。

都会の集合住宅。日なたや日陰が入り組んだ複雑な場所でも、それぞれの場所に合わせた植物を選んでいる。たとえ玄関の一角でもナチュラルガーデンは可能だ。

美しさを保ちながら生態系を豊かにする

ナチュラルガーデンズMOEGIに来た人の感想の中には「ずいぶんりっぱに育っているけれど、特別なことをしているのでしょうね」とか「どんな肥料をやっているのですか」というものが多い。でも実は、ここの花壇のほとんどは、岩の上に土が少しのっかっているような状態。決していい条件ではないんだよ。

植物は人間の生まれる何億年も前からたくましく生きている、いわば大先輩。植物と話ができたら「そんなものは要りません。余計なお世話です」と言うんじゃないかな。だけど肥料をやらないと庭の植物は育たないと思い込んでいる人はとても多い。

園芸の世界では、他にも思い込みが多い。鉢植えには底石を入れる、根腐れを防ぐために鹿沼土を何cm入れる、剪定するときの切り口は斜めにとか……、それって本当に必要かな。私は疑問に思ったことは、なんでも実験した。それでわかったことは、「自然をお手本に、自然の理にかなった方法を選べば、植物は自らの力で健やかに育つ」ということだ。

植物を植えてもすぐに枯らしてしまう、という人も多い。自分は園芸が向いてないと思い込んでいる人も多い。でもそれは、選んだ植物が環境に合っていなかっただけかもしれないよ。自分の場所の環境を観察して、その場所を好む植物を選ぶ、それが重要だ。屋上庭園などの風が強い場所なら、海辺に自生する乾燥に強い植物を植えればうまくいく。日当たりが悪かったら、木陰を好む植物で花壇をつくればいい。日本には本当に素晴らしい植物が豊富にあるから、どんな場所でもすてきな花壇ができるはずだ。

ナチュラルガーデンと聞くと、「ほったらかしの雑草がぼうぼうの庭」と思い込んでいる人も多いね。でも、

最近は屋上庭園も珍しくなくなった。屋上庭園は風を受けやすく、土が乾燥しやすい。
だから浜辺に自生する植物を多用する。適切なプランと自由な発想が大切だよね。

草ぼうぼうにする必要なんかまったくない。ナチュラルガーデンとは自然の理にかなった方法で、生態系を豊かにする庭づくりのこと。イギリス風だろうと、地中海風だろうと、和風だろうと、どんなスタイルのガーデンでもナチュラルガーデンは可能だよ。そして都会であろうと田舎であろうと、違いはないことも共通している。美しさを保ちながら生態系を豊かにする。また、自然のためには自分の国の植物だけにしなきゃいけない、と思っている人も意外と多いね。

でもそれでは急速に環境が劣化している現代では必ずしも正しいとは言えない。外国の植物もとり入れ楽しみながら庭づくりをするといい。同じ属の植物でも出身地が違うと、花期も違い、チョウやハチが蜜を集める時期が長引いて、生態系づくりに役立つという研究結果も出ているんだ。

ナチュラルガーデンの原点は、10代半ばでつくった実家の庭。タネや挿し木で野草をふやして庭に植栽した。小さなころから森が遊び場だったから、同じような場所をつくりたかったんだ。

地面を掘って池も自作。周辺には川沿いで採取した植物を植えたよ。このころは、その土地の植物でないとダメだと頑なだったけれど、いまはもっと自由に考えられるようになっている。

虫はすべて悪者!? 雑草は根こそぎ!?

最近、地元の高校に呼ばれて講演をしたんだ。テーマは「Encouraging Wild Life〜自然を呼ぶ方法〜」。蒸し暑い体育館の中で、高校生たちはみんな熱心に話を聞いてくれたよ。講演後に感想を聞いたところ、「人間のために庭園をつくっていると思っていたけれど、なんでも人間中心で考えていたらダメなんですね。虫や鳥などの生きものがいるからこそ自分たちが成り立っているということを忘れちゃいけないんですね」「虫が苦手で、すべて害だから、見つけたら殺虫剤をかけることが正しいと思っていた。でも違うんですね」など。

ほとんどの高校生は農薬を使わなければ庭や畑はできないと思い込んでいたんだ。虫が地球にいなくなったら、人間はその15年後にはいなくなる。絶滅していい生きものなんていないよね。

世界の90%以上の農薬は無駄に使われ、土壌や水を汚染しているそうだよ。私は農薬をいまだに買ったことはないけれど、困ったことは一度もない。

ナチュラルガーデンズMOEGIには、八ヶ岳に自生する植物もたくさん植わっている。
こうした少なくなっている植物を庭で活躍させて、種を守ることも庭の役目だ。

また、敷地一面にタンポポやササが生えていると、除草剤で根こそぎ退治してからでないと庭がつくれないと思い込んでいる人もいるね。でも、タンポポは固まった土に広がって、その根で土をやわらかくしてくれるありがたい植物。土がやわらかくなると、いつの間にかタンポポはなくなっていくんだよ。

そう、自然にはさまざまなステージがある。例えば森を伐採すると、キイチゴがいっせいに出てトゲトゲの藪で覆い尽くしてしまい、人の手には負えなくなってしまう。けれど、その藪に守られて発芽し、育っていく植物もある。それらが大きくなって日陰をつくると、キイチゴは消えてしまう。そんな自然の変遷も理解しながら庭づくりができると、無駄に戦うことはなくなり、ずいぶん楽になるよね。

まず、庭や植物に対する思い込み、固定概念を捨てることから始めたらいい。

これまでの思い込みをいったん白紙にしてから、私の話を聞いてほしいな。頭の中をいったん空っぽにして、これから先を読んでもらいたい。

Paul's rule ❷

生きもの目線で庭づくりを考えよう

生きものもいっしょで悪ガキも夢中になれる庭

ルール-1を読んでもらったら、庭をつくるときは、なるべくたくさんの生きものが来る庭にしようとしていることが、わかってもらえたと思う。庭が生きものの居場所になることは、私がもっとも大切にしていることなんだ。

でも、一般的な園芸書を読んでいると、「虫が出てきたらこの殺虫剤を使いましょう」「こんな症状が出たら、薬を散布しましょう」などと書いてあるものが多いよね。でも、そんなふうに庭を維持することに、私は楽しさを感じられない。

それよりいろいろな花が咲いている中をチョウが飛んでいたり、ミツバチが花に頭を突っ込んで蜜を吸っていたりするほうがずっと楽しい。

昔は川や池でいろいろな生きものを採取している悪ガキがいたものだ。そんな悪ガキたちが喜びそうな庭が理想だ。

その悪ガキが、大人になったとたんに薬をまいたら、やっぱり変でしょう。葉や花が虫に食われていないのは、かえって不自然だよ。

いまは情報がありすぎるから、迷うことも多い。そうだとしても、庭づくりを楽しむことはそれほど難しいことではないと思うよ。

例えば、庭の構造物を考えるときも、「この材料は虫にとってはどうなのだろうか」というふうに考える。石積みをつくるときも「隙間がある積み方にして、虫が姿を隠したり通り抜けられるようにしたほうがいいだろう」などと工夫するんだ。

大きな木があったら、植物の見え方も考えながらだけど、「この木はここで切って復活させたら、鳥が止まるのにちょうどいい高さになるなぁ」なんて考えて木を切ることもあるよ。

私が庭を構想するときは、虫目線、鳥目線で考えるようになっているんだね。

一重のハマナスはミツバチが中に入りやすいので、彼らには評判がいいみたい。
香りもとてもいいから、そこも人気の理由なのだろう。人間にとっても魅力的だね。

サルビア類は虫がよく訪れる植物。ミツバチやチョウが集まってくる。

庭仕事で土を掘っていると寄ってくる、人を恐れないジョウビタキ。

石積みの上の常連はトカゲたち。日なたぼっこが大好きなんだ。

石積みで高さを出したうえで、ぐるりと囲むことで、より多様な環境が生まれる。
多様な生きものたちが、自分のお気に入りの場所を選べるように。

多様な生物が暮らすために複雑な構成をつくり込む

ナチュラルガーデンズMOEGIの花壇は、地元の石を割って、野面積みでつくられている。それをコンクリートにしたら何のおもしろみもない。庭づくりでは〝スルスル、ピカピカ〟にするのは避けたほうがいい。

ゴツゴツした隙間のある石積みだと、石と石の間に植物を植えることもできるし、石積みで丸く囲むようにすれば、日当たりのよい場所と日陰の場所が花壇にできて、性質の違った植物が植えられるようになる。そうした複雑な環境をつくることで、生息する生きものの種類もふえていくだろう。

日本でよく見かける庭は、サツキを並べて植えたり、サザンカが植えてあるのがせいぜい。でも、それだと虫や鳥の食べものが少なすぎるし、高低差も限られている。チョウや鳥が休む場所も少ない。

ナチュラルガーデンズMOEGIを歩いていると、いろいろな鳥やトカゲ、トンボなども見かけることだろう。

私の近くをいまもチョウが飛んでいるよ。日当たりのよい場所を求め

軒下のスズメアパート。スズメは群れるから集合住宅をつくってみた。

強剪定などで大きな枝が出たときは、花壇のアクセントとして利用するといい。分解する生きものがやってきたり、小動物が逃げ込む場所になったりする。

すき間をモルタルで固めなければ、ゴツゴツした石積みは小さな生きもののフィールドに。

積み上げた薪は生きものを呼び寄せる。木の皮の隙間に入り込んだり、薪の間に巣をつくる虫や鳥も。

て、あちこち移動しているんだ。トカゲは石の上で日なたぼっこをしていたりするけれど、モズなどの肉食の鳥に狙われることもある。でも石積みが複雑な形をしていたり隙間があれば、そこにさっと逃げ込むことができるだろう。

生きもの目線で庭を考えるなら、庭には草原や林のようなところがあったり、いろいろな高さの植物が植わっているような、メリハリのある構成がいい。いろいろな鳥たちが自分にとって快適な場所を選んで巣づくりもできるだろう。キツツキが木を突いて虫をとる光景が見られるかもしれないね。さらに生きものの住みかを充実させるには、ちょっとした水場があれば最高だ。

萌木の村でも私は、暗渠《あんきょ》でふさがっていた小川を再生させて、水辺を好む植物を植えた。こうすることで植物の種類が豊富になるだけでなく、水を好む生きものをグンと増やすことができる。水生植物の株元に隠れたり、エサをとったりできるだろう。

◉虫や鳥を呼ぶ植物

自然と調和して、元気に虫や鳥がやってくる有機的な庭にするには、彼らが好む植物を植えるといい。ナチュラルガーデンズMOEGIでも、そうした植物があちらこちらに植えられているよ。

サルビア ネモローサ‘カラドンナ’

6～7月ごろ、やや黒っぽい紫色の花穂をまっすぐに立ち上げるシソ科の植物。遠目からもよく目立つので、花壇のさまざまなところに植えているけれど、チョウやハチも大好きで、よく集まってくる。

ヒヨドリバナ

7～9月に開花。明るい林や草原などを好むキク科の植物で、自生地は減っているがナチュラルガーデンズMOEGIではふえている。海を渡る貴重なチョウ、アサギマダラが高地で蜜源としているのがこの花だ。

カワミドリ

園芸品種アガスタチが知られるが、この花は日本の自生種で、川沿いなどの日なたで見られる。シソ科で、土地が合えば150cmほどにもなり、8～10月ごろ、明るい紫の花穂に虫が集まる。

コマツナギ

マメ科でフジを逆さにしたような花が7～9月に咲く。とても丈夫で、乾燥にも強い。青く美しい絶滅危惧種のチョウ、ミヤマシジミはコマツナギに卵を産み、幼虫が葉を食べ、成虫になってからは蜜を吸う。ハチにも好まれる。

多様な生きものがいることで完成する本当の庭

健康的に維持された庭があれば、そこは生きものの住みかになる。萌木の広場のような広い場所でなくても、建物の横の小さなスペースでもいい。都会の小さな庭でも、近所に庭が点在していれば、それで大丈夫。鳥やチョウはだれの庭なんて気にせずに飛んでくる。庭伝いに移動しながら生活していけるんだ。

植物ばかりがキレイでも、それは本当の庭じゃない。チョウが飛んでいて、鳥の声がして、目を近づけてみると小さな生きものが暮らせる場所。そんな庭がいい庭だと思う。

庭に集まる彼らは、単なるゲストじゃないよ。庭でさまざまな働きをしてくれる。いろいろな生きものが暮らすことで庭が完成するんだ。植物同士、人の手助けは最低限でも、生きもの同士が庭のバランスをとってくれるはずだよ。

ヤツタカネアザミ

日本の固有種で八ヶ岳の高山に自生する。深い切れ込みのある葉が特徴的で、アザミの仲間だ。葉やつぼみが造形的で、花壇でも目を引く存在感がある。7～9月ごろに花が咲くと蜜を求めてハチやチョウが集まってくる。

ブッドレア

花のよい香りがチョウを誘い、バタフライブッシュと言われるほど集まる。フジウツギ科の低木で、花後に切り戻しをすれば初夏から初秋まで繰り返し花をつける。赤、黄色、紫、白など花色は多彩で育てやすい。

サンショウバラ

日本の固有種のバラ科の樹木。葉がサンショウによく似ているのでこの名前がついた。愛らしい一重の花でハチが入りやすい。鳥にとっても、食用になる実や巣の材料にしやすいトゲトゲの枝などが好まれるようだ。

ジューンベリー

バラ科の落葉樹で、葉が展開する前に白い花をつける。初夏においしい実がなるが、あっという間に鳥がやってきて、油断していると人間が食べられないほどだ。芽出しの時期の葉色や紅葉など、見どころも多い。

イブキジャコウソウ

シソ科で日本原産のタイム。やせた土地、不安定な地面でも育つ強健な植物。初夏から夏にかけてカーペットのように広がって、小さな花をびっしりと咲かせるとチョウやハチがやってきて、庭がにぎやかになる。

チーゼル（オニナベナ）

ヨーロッパに自生するスイカズラ科の二年草、または多年草。ドライフラワーにしたり毛織物を起毛するときに使われることで有名。夏を通して花が咲くのでハチをはじめとする虫たちの憩いの場に。タネができると鳥が来る。

◉だれでも大歓迎　私の庭の仲間たち

テントウムシ
益虫として知られるテントウムシは、成虫の見た目のかわいらしさからも、歓迎されているね。そして、その働きと言ったら驚くべきものだ。成虫だと1日で100匹ぐらいの虫を食べているらしいよ。

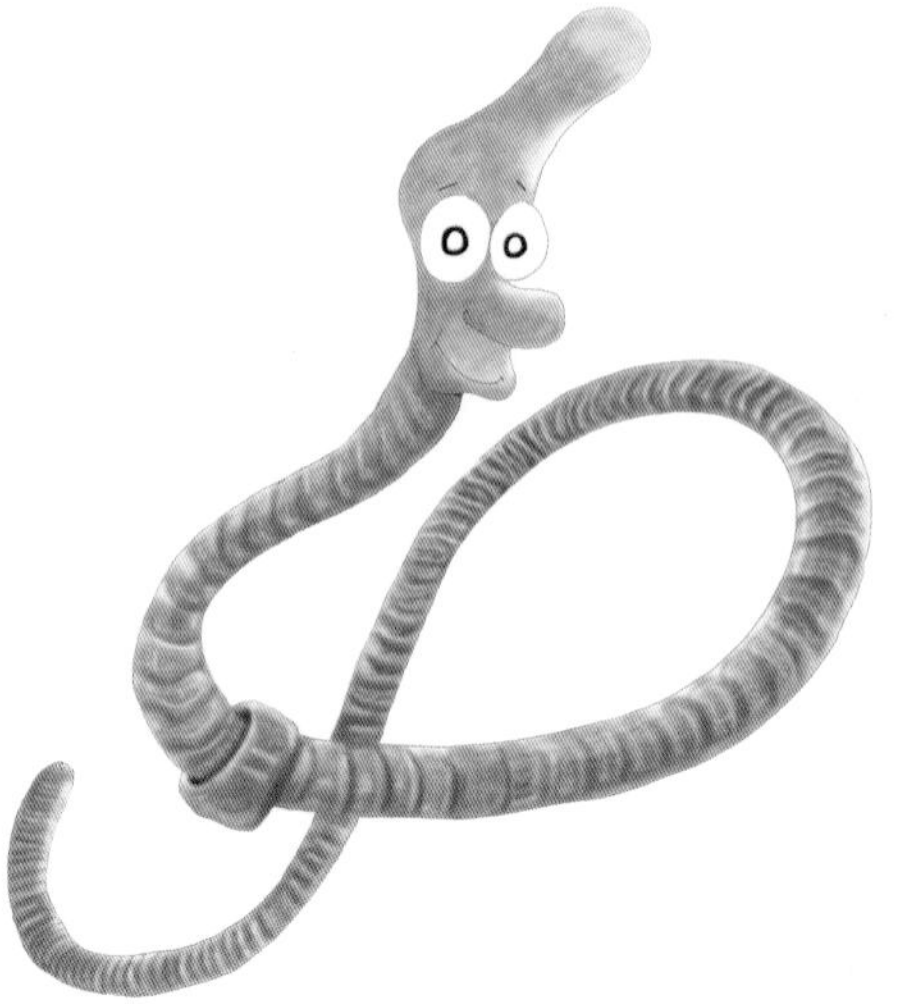

ミミズ
進化論で知られるダーウィンはミミズの研究にも没頭していた。その研究によってミミズが土を耕していることが証明されたんだ。健康な土壌をつくってくれるミミズは、私にとっても素晴らしき仲間の筆頭だよ。

ヒキガエル
カエルの中でもヒキガエルは、見た目で嫌われることも多い。だが彼らが夜のうちに、どれほど多くの虫を退治してくれているのか、その恩恵は計り知れない。環境の変化に敏感なカエルは自然環境のバロメーターでもある。

アリ
アリが来るのをいやがる人もいるけれど、植物にとってアリがいるデメリットというものはない。むしろ周囲の虫の死骸などを運んでくれたり、アリ自体が鳥のエサにもなるからメリットのほうが大きい。働きアリに感謝したい。

よく、これは来てほしいけれど、こんな生きものはいや、というようなことを聞くよね。また、害虫や益虫などと区別されるけれど、私はどんな虫でも大歓迎だ。さまざまな種類の虫、鳥、そして小動物など、多様なほどいいと思っている。

食物連鎖も含めて、彼らは自然の循環の担い手として、どれもが欠かすことのできない役割をもっているはずだ。

彼らが有機的にバランスをつくって、植物を健康にしてくれているというわけだ。私にとって彼らは「小さな庭の仲間」。

ナチュラルガーデンズMOEGIにも、多くの仲間がいるよ。そのほんの一例を紹介しよう。

ジョウビタキ
いつも高い位置から人を観察していて、土を掘っているときに土中の虫が見えたりするとさっと来て食べていく。デッキの下や林の中などに巣をつくり、人を恐れない人なつっこい鳥。身近な友だちみたいな鳥だよ。

サトジガバチ
地面を掘って巣穴をつくるジガバチの一種。狩人バチとも言われる肉食のハチ。ガの幼虫などを見つけたら、麻酔で眠らせて巣穴に運ぶ。そしてその獲物に卵を産みつける。穴を掘ったり、巣穴を埋めたりする様子は興味深い。

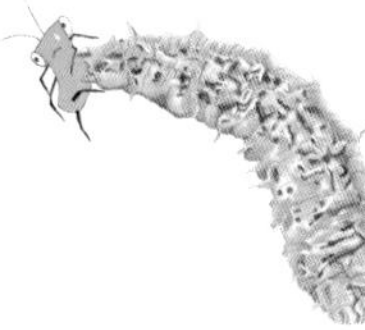

ハナアブ
アブとついているけどハエの仲間で、花が咲いているとさかんに寄ってくる。蜜を吸いに来ているが、本人の目的とは別に花粉を他の場所に運ぶので、植物は種を別の場所で増殖できる。特にキク科の花への貢献度は高い。

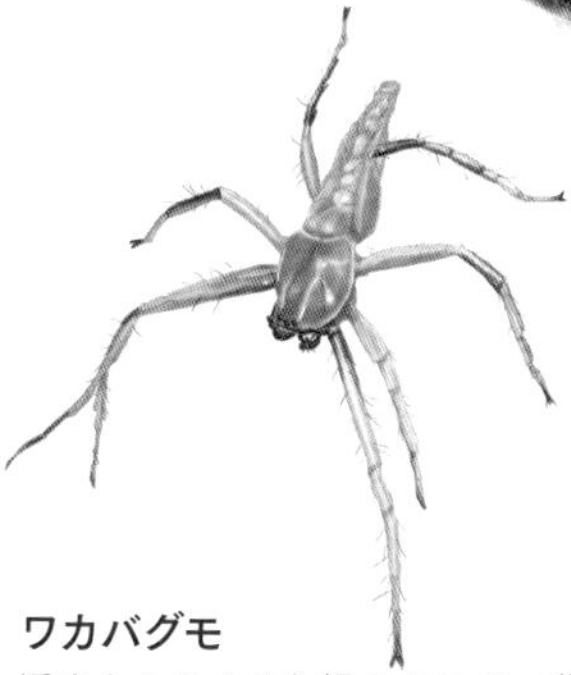

ワカバグモ
透きとおるような緑のクモで、葉の上にいると見分けがつかない。多くの虫は葉の裏にいるけど、葉の表面で獲物を待つワカバグモは、狩猟場所を分散させてバランスをとるスマートなハンターだ。

ツマグロヒョウモン
メスとオスで模様がやや異なり、有毒のチョウに擬態していると言われる。ユーモラスな姿の幼虫が植物の葉を食べるが、植物自体が健康なら惨事にはならない。むしろ「自分の庭で育ったチョウ」と考えると好きになる。

ミツバチ
環境の変化に敏感なミツバチは、本来は多彩な植物がバランスよくある場所を好む。ミツバチは人間が繁殖させているが、いろいろなハチがいることが大事。一種だけ増やすことは、自然のバランスを崩すと私は考えている。

トカゲ
石積みをつくってよかったと思うことのひとつに、トカゲをよく見るようになったことがある。よく虫を食べる彼らが、土中深く越冬できるようになったし、鳥からも身を隠せるようにもなった。石の上での日なたぼっこも見られるよ。

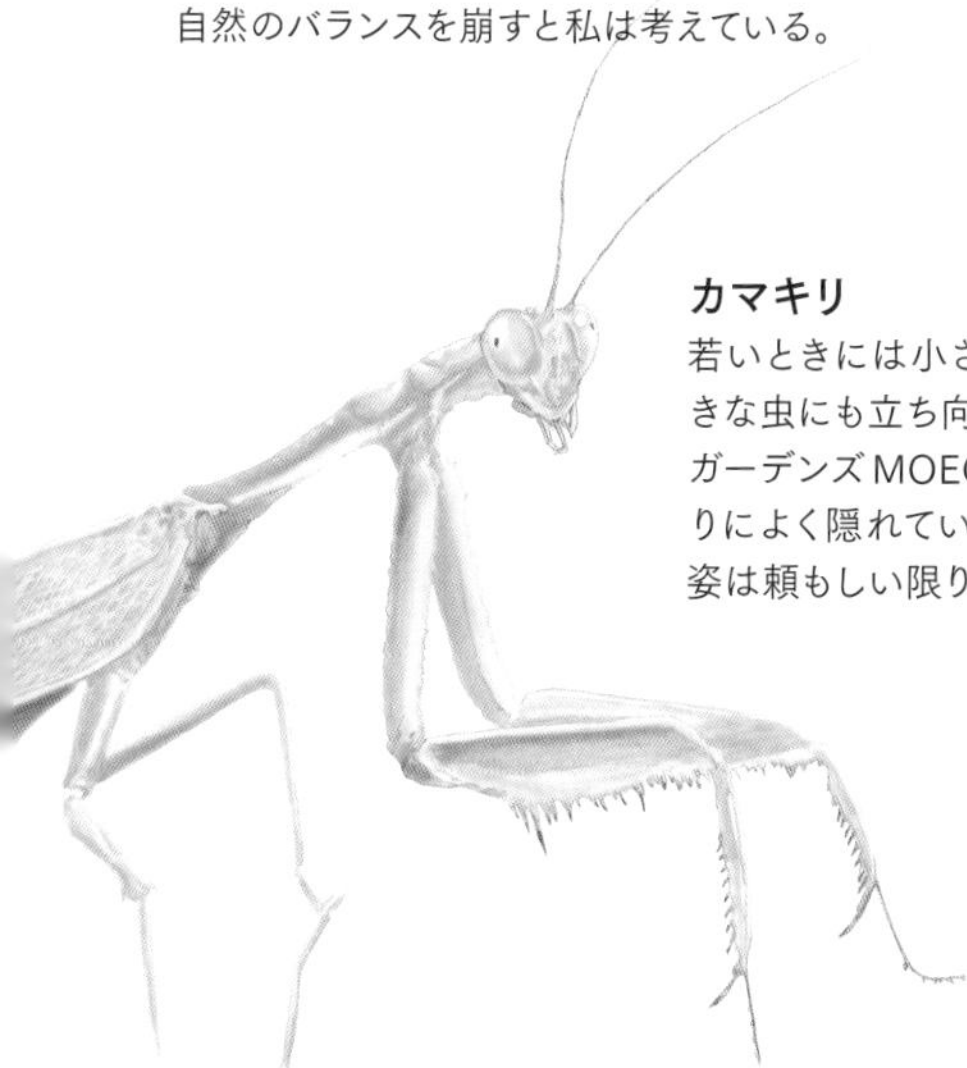

カマキリ
若いときには小さな虫をとり、大きくなると大きな虫にも立ち向かう勇敢な彼ら。ナチュラルガーデンズMOEGIでも、バラの石積みのあたりによく隠れている。じっとエサを待っている姿は頼もしい限りだよ。

アブラムシ
ガーデナーには嫌われているが、アブラムシがつくと植物はフェロモンを出して肉食の虫を呼び寄せる。自らエサとなり庭のバランスを整えてくれる存在だから、とてもいじらしい存在とも言えるんだよ。

Paul's rule ❸

その土地の気候、場所にあった植物を選ぶ

植物選びでカギを握る周辺の植物

庭づくりに大切なことは、その土地に合った植物を選ぶこと。それが肝心。

標高が高いナチュラルガーデンズMOEGIでは、耐寒性の高さがポイントになってくるように、風が強い乾燥した土地なら、乾燥に強いものや風になびいたときにきれいなものを。海の近くなら、日ざしや潮に強いものを、というように。

私が庭の依頼を受けた場合、まず現場の周囲をよく観察して歩く。最寄りの駅からゆっくりと歩いて、周囲の家で植わっている植物や、雑草化した外来種などをよくチェックする。きれいに育っている植物を見かけたら「これもいけるんだな」と。例えば、ニューサイランが大丈夫なところなら、ローズマリーもOKというふうにね。記録しておくために写真を撮ったりもするよ。

その結果、「それほど耐寒性は必要ないな」とか、「むしろ蒸し暑さに強いものを選ばなくちゃ」とか、候補となる植物を挙げていく。それらを基準にして頭の中でリストを組み立てていくんだ。

いまは気候変動によって、暖かい地域が広がっている。植物の耐寒性を尺度にすると、それが実感できるようになってきた。例えば10年ぐらい前に標高600mぐらいのところでレモングラスを植えたら、ほぼ枯れていたけれど、この数年は同じような場所でも冬越しできるようになってきた。

だんだん暖かくなっていることは間違いないね。だけれど、数年に一度のような割合で、突然寒さが戻ることがある。そういうときに大丈夫かどうかを基準にすると、失敗は少なくなるだろう。

私は、いろいろな土地で植物を育ててきたから、「宝塚とあまり変わらないな」とか「松山よりやや暖かいかな」などと目安ができている。でも庭づくりの経験があまりなかったとしても、本やインターネットである程度のことは調べることは可能だよね。

◉庭づくりのための植物を選ぶ方法

庭周辺の写真を撮って記録していく

▼

撮った植物の名前がわかれば耐寒性、耐暑性を検索。自分が植えたい植物の耐寒性、耐暑性も調べる

▼

各植物の原産地をチェック。その原産地の気候も目安になる。学名も検索して、その仲間が日本で一般的かどうかも目安になる

▼

さらに画像検索もして、同じ画像に映り込んでいる植物をピックアップ。

▼

画像に映り込んでいる植物で、好みのものがあればリストに入れる。

▼

同レベルの耐寒性、耐暑性の植物を徐々に絞り込んでいく。

▼

リストを作成しながら、各植物の高さ、花期などもチェック。

▼

耐寒性、耐暑性を揃えながら、高さや花期の違いを考慮してプランを立てる。

かつて私がデザインをした兵庫県宝塚市のガーデン。都市部だったが、耐寒性、耐暑性を考慮し、多様な植物を植えていた。

多くのイネ科の植物は日なたを好むものが多い。後方の白い花はミツバシモツケで日なたから半日陰まで植えられる。

日なたか日陰かそれも問題よく観察しよう

もちろん日当たりの違いも、よく考慮してあげないと。植物には日なたで元気な植物と、日陰を好む植物がある。その中間もね。

日の当たり具合や風の通り道も、ある程度は読めるけれども、正確にはわからない。だから植えたあとも、よく観察してあげることが大切なんだ。

その土地の気候からすると、やや耐寒性が心配な植物を植えたいと思ったら、立ち上げた花壇に植えて様子を見るなんてこともできるよ。水はけがいいし、雑草も入りにくい。よく観察できるからね。それで大丈夫そうなら、翌年に移植するとか、株分けしてふやしていくなどしていけばいい。

同じように見える土地でも、近くの建物や木の位置によって、日当たりは変わってくる。植える植物の生育の違いや位置関係によっては、環境はもっと複雑になってくる。そんなことも考えて植物選びをしなくちゃならない。

日照に加えて土の湿り具合も、そ

日なたでは葉焼けを起こしてしまうようなシダ類やギボウシも、木陰や半日陰では美しい葉を見せてくれる。

の植物ごとの好みがある。とても元気に育っていたのに、水はけが悪くて根が傷んでしまうなんてこともあるからね。庭の中で、雨のあとにどの部分がすぐに土が乾くか、反対にいつも湿り気があるような場所はどこかを確認しよう。

土の湿り気でいえば、同じように見える花壇でも、いつも湿っている場所、乾燥しやすい場所、しにくい場所がある。

植物を植えたら、たっぷりと水やりをして、その後はあまり水やりをすることはない。けれども小さな鉢で育ってきた植物を、乾燥しやすい場所に植えるときは、根のまわりに雨水がたまりやすいように土留めをつくってあげるんだ。植えた後も、根がしっかり張るまでは様子を見てやることが大切だね。ひとつの花壇の中でも、ブロック塀の近くや木の下はけっこう乾燥している。庭の中の日当たりの違い、土壌の性質の違いは、とても複雑なんだよ。

でも、複雑に入り組んだ環境だからこそ、いろいろな植物が植えられるわけだから、むしろ喜ぶべきことなんだよ。

庭を楽しめる時期は短いけれど芽吹き後の勢いはすさまじい。ギボウシの葉で健全さがわかる。

バラ‘ローブリッター’を石積みの上に植えてしだれさせる。植栽は立体的に考えよう。

どんな土地にもいい点と悪い点がある

話が脱線するけれど、お客さんのところに行くと、なぜか自分の土地のことを悲観的に話す人が多い。「ここは日当たりがあまりよくなくて」とか「狭いでしょう？」とか、自分の土地の欠点を訴えるんだ。これも私には不思議なこと。

たいていの土地には、いい点と悪い点の両方がある。

ナチュラルガーデンズMOEGIは冬の寒さがきついから新芽が出るのが遅くて、最初の冬は「本当に大丈夫なのかな」と心配したぐらい。でも、いざ芽が動き始めるとものすごい勢いで成長する。

春の植物が芽吹いてくると、すぐ間もなく夏の植物もぐんぐんと伸びてくる。標高が高くて昼夜の寒暖差も大きいから、葉も花も生き生きとしている。秋の紅葉も素晴らしいよ。

でも、庭を楽しめる季節はとても短い。庭の作業ができる期間も短いから、その時期、私たちは大忙し。今日はここに植栽して、次はあっちと目が回るようだよ。

東京だったら、植えられる時期ももっと長いから、庭づくりも余裕をもてる。けれども冬になっても中途半端に植物がずっと残っていたりして、「この多年草、いつ切り戻せばいいのかな」と迷うこともあるくらい。そんなふうに、土地には一長一短が必ずあるものだ。

狭くてよかった日陰でよかった

自分の家の庭が「狭いから好きなだけ植物を植えることができない」と残念に思う人は、植物の世話や草とりが楽だと喜べばいい。広ければ広いほど、やらなくてはいけないことがたくさんあって、たいへんだ。

たとえ庭の面積に限りがあったとしても、自由になる高さはあるわけだからパーゴラを設置したり、つる性の植物を壁面に這わせたりしてスペースを立体的に使えばいい。壁に50〜60㎝間隔でステンレスワイヤーを張って低木を誘引してもいいよ。

日陰で花が少ないと嘆く人は、その分、きれいな葉っぱの植物が植えられると思えばいい。夏の日差しで植物が焼けることを思えば安心だし、日陰の庭はどこか落ち着いた雰囲気

ごく小さな植栽スペースだが、さまざまな形の葉の植物を植え込んで、お互いを引き立て合うようにした個人邸の庭。石の板を敷き詰めているので手入れも楽。生え広がるような植物も心配いらない。

パーゴラにフジを誘引し、壁にはロウバイをワイヤーに仕立て、高さを生かした演出をとり入れている個人邸の庭。日陰で美しく見えるリーフプランツや睡蓮鉢を置いたりして、多彩な植物を組み合わせている。

があって魅力的だ。それに日陰が好きな植物って、意外にバラエティーに富んでいるよ。

それから、日本では傾斜地に家が建っていることもけっこうある。それは私はいいことだと思う。ひとつの庭の中に、南面、北面など条件の違う場所があるわけだから、いろいろな植物が植えられるよね。土が流れないように土留めになる植物をベースとして植えておくことが必要だけど、植物を下からも上からも見ることができるのだから、いろいろな演出が楽しめるだろう。

ナチュラルガーデンズMOEGIではバラをしだれるようにしているところもあるよ。傾斜地は植物のいろいろな表情を見せられるすてきな舞台だと考えよう。

それぞれ自分の土地に不満はあるのかもしれないけれど、嘆いていても庭はすてきにはならないよね。隣の土地を買い足す？　引っ越す？　それは難しいよね。それなら自分の庭のマイナスの部分をプラスにもっていくことを考えよう。

Paul's rule ④

多品種の多年草と灌木を植える

多品種の強み 保険をかけた植栽に

私は、できるだけいろいろな植物を使うことにしている。細長い葉の隣には丸い葉をもつもの、濃い緑の葉には黄色っぽい葉をもつものというように、そのときどきで自分が用意した植物を見ながら、互いを引き立て合うような組み合わせを考えるんだ。もちろん、好む環境が似ている植物同士を選ぶのが基本だよ。

さまざまな観光地では、広い範囲に特定の植物だけを植えているところがあるね。そういうところで管理をしている人に話を聞いてみたら、病気が一気に広がったり、どんどん枯れていったり、管理がとても難しいそうだ。

あたりまえだよね。同じ植物ばかりだと、病気が発生したらすぐに広がったり、天候によって影響を受けるのもいっしょ。化成肥料もどっさりやっているだろうから、土もかたくなって不健康になっている。植物に無理をさせていると思うし、管理する人の苦労も目に見えている。同じ植物ばかりだと、見ごろも限られてしまうし、植物の見せ方としてはすてきには思えない。

それよりも多品種の植物を植えることで、庭全体を健康にしていくことを考えたらどうだろう。

人間も必要な栄養素は多様だし、栄養素を吸収するための消化酵素も多様だよね。例えば、食べものの違いによって消化の担当がそれぞれいて、「俺、そういうのは分解できないよ」と言うのがいたら、「じゃあ、俺それを担当するよ」みたいにね。でも肉ばかり食べていたら、肉を分解する担当だけでいいから、他の担当は「俺、役目がないから別のところに行くよ」となるのじゃないかな。そんなふうに多様性がなくなってしまうと、変なものが体に入ってきたときに戦えなくなって、病気にかかりやすくなる。だから食べるものは、いろいろなものを少しずつというのがいい。

庭もこれと同じだと思う。いろいろなものを栽培するというのは、polyculture（ポリカルチャー）。1種類しか栽培しないのは、monoculture（モノカルチャー）と言うけれど、いまの農家は大抵がモノカルチャー。それはかなり危ないよ。

◉多品種で長く楽しめる庭に

ナチュラルガーデンズMOEGIの中にある私のガーデンメンテナンスの拠点、ツールシェッドの前庭の植栽。ミツバチを呼ぶことをテーマにした日なたの庭だよ。

6月初旬。下の花壇の角は目立つ部分。ここの主役を花物にすると時期によってさびしくなってしまう。だから表情を変えながら長く楽しめるイネ科のモリニアなどを選んだ。

6月下旬。それぞれの株のボリュームがぐっと大きくなっている。上段の花壇では、サーモプシス カロリニアーナの黄花が目を引いている。

8月下旬。上の花壇ではブッドレアが満開。繊細なイトススキの葉にヤマユリのオレンジ色が点在する。このあと秋に向かって多くの葉が色づいていく。

ポリカルチャーは、こっちがダメならこっちでというような、保険をかけた栽培法だ。いろいろな植物があることで、虫や病気が出たときにも、こっちの植物は被害が大きかったけれど、こちらの植物は大丈夫だったということになる。

庭にいろいろな植物があれば、花期が違っていたりして見ごろもさまざま。植物の色の違いや形の違いによって、お互いが引き立て合って庭の魅力が深まるという大きな利点もあるよね。

花が立ち上がりボリュームのあるムラサキセンダイハギを後方に植えた花壇。
白花をつけたフランネルソウも立ち上がるが、後ろを遮らないので、通路で生かしている。

植物の高さもいろいろにどんな雰囲気にしていく？

いろいろな品種を植栽するということでは、多年草のほかに灌木（小低木）も混ぜて、植物の高さの違いも出したい。もちろん土地に余裕があれば、高い木があるといい。

植物の高さの違いがあると、そこに暮らす生きものもグンと種類が増えるだろう。高さによって生きもののテリトリーも変わってくるからね。

生きものの種類がふえるということは、花につく虫がいたとしても、それより大きな生きものが虫を食べるという植物連鎖も生まれやすくなる。木陰ができれば、植えられる植物の種類もさらに多くなるよ。

そして、同じ植物を庭のいろいろな場所に植えておくことも大事。雨が降らなくて高い位置の植物がダメになっても、湿度を保ちやすい下のほうに植えたのは頑張ってくれた、というようなこともある。

アクシデントがなくても、元気に育つ場所や成長が遅い場所など、その植物の性質を深く知ることもできる。いろいろな場所で育てて、様子を見ながら、よりよい場所に移して

ゲラニウム'マックスフライ' の花色が目立つ植栽。低くこんもりした草姿とフウチソウの動きのある葉も、よいコントラストに。

ユーパトリウムの花が咲く前は、緑色が支配的だが、斑入りのギボウシがやわらかいトーンのアクセントになっている。

徐々に庭を整えていくということもできるよ。

どんな植物を選ぶかは、環境に合っていれば、あとはもう人それぞれ。自分がどういう雰囲気を出したいかによって、決めていけばいい。

白い花の咲く植物を集め、白い斑入りの葉を合わせてホワイトガーデンにしたり、鮮やかな赤やオレンジ、黄色の花や葉を集めた元気いっぱいの植栽もいいね。決まりごとはないんだよ。

植物の組み合わせを考えることは、実はとっても楽しいこと。植物が成長したとき、自分が想像していたような光景になったら……。いや想像以上だったら……。ガーデナーにとって、そんな幸せなことはないよね。

Paul's rule 5

肥料や薬に頼らずに植物と付き合う

薬も肥料も歓迎できない お手本はすべて自然の中に

自然の森や草原では肥料や農薬なしでも、ちゃんと植物が育っている。だから庭でも、肥料も農薬も使う必要はないんだよ。

でも私がこう話すと「それは自然に生えている原種の話で、園芸品種には必要ですよね」と言う人が必ずいる。

じゃあ原種と園芸品種の違いって、どんなことなのだろう？　例えば園芸品種って、白い花をつけている原種の群生の中に、少しピンク色の花を見つけた人が、そこからタネをとってきて育てて、できた株の中からさらに濃いピンク色のものを選抜していってできたものだったりする。もともとは白い花しかなかった品種だけれど、濃い花色の品種に名前をつけて販売することもあるだろう。でも、だからといって肥料や殺菌剤が必要になるかというと、そんなわけはないよね。

あるいはブリーダーがある品種を掛け合わせて、元の品種と違うものをつくっていって、どんどんやっていくうちにうどん粉病に弱い性質になってしまうこともあるかもしれない。薬なしでは育たないような新品種……。でも、それって普通の人が育てたいと思う植物なのかな？　私は歓迎しないし、薬を使わなくてはならないのなら、そもそも庭に植えない。魅力的な植物は他にたくさんあるからね。

だから園芸品種も海外から来た珍しい品種も、基本的にはその種類が好む環境に植えれば、どんな植物だって肥料も農薬も必要なく健康に育つはずだ。

実際のところ、植物は肥料分をどのくらい必要としているのだろう？

ほとんどの人が想像しているよりも、はるかに少ない量で十分やっていけるそうだよ。そして、その必要量の何倍もの肥料成分がどんな土にも含まれているという。これは世界各地の土を調べた研究者が言っていること。必要なのは、土の中で微生物が健康的に暮らしているのかどうかということなんだ。

植物を植える際、私がするのは、植え終わったときに株元に腐葉土やバーク堆肥をマルチングするだけ。それで気温の急変や、乾燥などを防いでくれる。その後、苗がきちんと

樹勢があり軽々と10mは超えてしまう‘キフツゲート’。耐寒性は抜群で八ヶ岳の過酷な冬も難なく乗り越えてくれる。

ガリカローズの‘ヴェルシコール’は、ピンクに白の絞りが入ったバラ。ROCK前の花壇では砕石だけの土壌で元気に花を咲かせている。

原種の交配種のスピノッシシマ系のダンウィッチローズ。砂漠のような環境を好み、小さいながら独特の気品がある。

根を張れば、もう自分で頑張ってくれるんだ。

そう説明しても「じゃあバラは？　バラは肥料が必要ですよね」って、まだまだ質問が来ることがある。ナチュラルガーデンズMOEGIでも、いろいろな種類のバラを植えているけれど、一切、肥料はやっていないし、消毒もしていないよ。みんなも試しに挑戦してほしい。「なんだ元気じゃないか」って思うはずだよ。

なんでも「絶対やらなくちゃいけない」という考え方を変えなくてはならない。だって化成肥料や農薬っていつできたの？　それができる前は、植物は全部病気？　そんなことはないはずだよね。

暗渠でふたがされていた小川を再生し、その周囲に花壇をつくった。水辺の景色を目にすると、すぐ横で農薬や肥料を使うことにためらうはずだ。

水辺があることで、鳥が水浴びにきたり、水辺を好む生きものもやってくる。生物多様性に貢献しているよ。

花壇で使った薬がやがて海まで到達する

私が肥料や薬を使わないのは、自然をお手本にしているからだけど、それを使ったことで環境を汚してしまうということも理由のひとつ。

最近は、プラスチックのゴミが海に流れて環境破壊になっていることが問題視されている。それと同じように化成肥料や薬も、成分が土にしみ込んだあとに、雨で川に流れて、やがて海に達してしまう。土や水が汚染されて、それがさまざまな生命に、いかに影響を与えているのかを想像してみよう。さほど必要でないもので、地球が汚されてしまうなんて……、私はやっぱり使いたくない。

風景を整えつつ環境にも配慮
保育園の排水溝の改修

近所の保育園で数年前に園舎の建て替え工事があったんだ。工事のために周囲の木が伐採され、ガラ混じりの固められた土がむき出しになり、園舎を直線的に分断するU字溝が目立つ殺伐とした姿になってしまっていたんだ。小さな子どもたちが長い時間を過ごす園庭。様々な生きものと出合う舞台。この不調和な景色が彼らにとっての「当り前」になってほしくないなと思ったんだ。

そこで、U字溝を取り除き、ゆっくり水が流れるように石や砂利を配置して、タネから育てた野草を植えた。仕上げに園舎建設の際に捨てられた大きな切り株も据えたんだ。これは小川がより自然な雰囲気に見えるだけでなく、水辺の生きものたちの隠れ家になる。

U字溝では、水は勢いよくそのまま川へ流れ込んでしまうけれど、この小川では、ゆっくり流れて浸透するので、大雨の時の氾濫も防げるね。水も自然のフィルターで浄化されるんだ。

子どもたちに大人は自然を破壊したり、利用するだけでなく、自然をつくることもできるんだよ、とわかってもらえたらうれしいな。

排水がダイレクトに流れていたU字溝。
せっかく周辺環境にすぐれた立地なのに、見た目にも味気ない印象になっていた。

U字溝を取り外して小川のような流れをつくり、水辺を好む植物を植栽。
排水も一部は土中で濾過されるようになった。

庭はさまざまな植物が共生して景色をつくる。できるだけ観察して、いい状態を保ちたい。切り戻しは、よい効果を生むことが多いから、臆せずやってほしい作業。そして、いつ切ったか、どのくらい切ったのかを覚えておくことが大切だ。

植物の性質を理解して手入れによって美しく

大切なのは植物が健康に育っているかどうか。あとはその植物のすてきな部分とそうではないところを見極めて、それをどうフォローしていくかだと思う。

すぐには難しいかもしれないが、やっていくうちにうまくなるから大丈夫。人間同士もそうだけど、何年かつき合っていくうちに、それぞれの植物とのつき合い方がわかるようになるはずだ。

例えば、「この植物はこのまま育つと草丈が高くなりすぎる。花が咲く時期は雨も降るから、毎年、自分の力で立っていられない」ということがあるとしよう。

そんな場合、ある程度の高さになったときにバッサリと下のほうで切ってしまう。すると開花は少し遅れるけれども、ちょうどいい高さで咲いてくれるようになる。倒れやすい植物に支柱を使う人もいるけれど、私はあまり使いたくない。だからこういう方法で解決してきたんだ。

ナチュラルガーデンズ MOEGI では、ネペタをこの方法で管理してい

切り戻しで庭の美しさを保つ

シモツケ'ゴールドフレーム'

アルケミラ・モリス

フジバカマ

成長が早い植物は、花が咲く前に切り戻しをしたり、花後に強剪定することで、美しさを保つことができる。

例えば、フジバカマやペンステモン、ブッドレアなどは、私はこまめに枝先をピンチしている。そうすることで、花がコンパクトに咲いてくれるし、切る茎と切らない茎をつくれば、花の時期がずれて、結果として花期が長くなるんだ。

一方、ネペタやアルケミラ・モリス、シモツケなどは、花後に思いっきり強剪定する。するとほどなく新芽が出て、きれいな葉っぱが展開するようになる。植物をよく観察しながら長くつき合っていれば、こうした手入れの仕方が身についてくるはずだ。「葉色が悪くなったら化成肥料を」なんていうのは、まったく不必要な手入れだね。

る。もともと切り戻すと再び花をつける性質だけど、この庭では花後にすぐ切らないとフニャーとなってしまう。だから一回咲き終わったらバサッと下から切ってしまうんだ。そうしたら10日もしないうちに新芽が上がってくるんだよ。

切り戻したことで新しいきれいな葉っぱが出るし、高さも調整できる。こんなことだって、何年かその植物とつき合ったから、わかったことなんだよ。

切り戻しや株分けなどの作業をしていると、その植物の成長の仕方も理解できるようになる。植物と仲良くなるための作業だよ。

Paul's rule ❻

植物のためにも土をいじりすぎない

植物に力をくれる土壌の菌の働き

ナチュラルガーデンズMOEGIのギボウシは茎が太くて葉もとても大きい。だからときどき、「どんな肥料をやったら、こんなにりっぱになるのですか」と聞かれる。もちろん肥料はやっていないよ。なぜこんなにりっぱになるのかというと、清里の冬の寒さが関係していると私は考えているんだ。

例えばクガイソウは、日本にいくつもの自生種があるけれど、北海道で生えるエゾクガイソウは他の品種に比べて断然大きい。シモツケソウの仲間のオニシモツケソウも大型で、これは北海道やロシアにもともと生えていたものだ。

同じ植物でも標高が下がった暖かい土地の品種だと、これほどの勢いはないし、大きさも違っている。なぜ寒さが厳しい土地では植物が大きくなるのだろう。

どうやら、理由のひとつとしては、土中の菌が関わっているようなんだ。

厳冬期に入る直前、土中の菌類がそれまでため込んでいたものを一気に吐き出し、それを植物が吸収する。そして、吸収したエネルギーを春の芽出しにドンっと使うということだ。芽出しの時期はほかの土地より遅いのだけれど、それはまさに「どうだー！」っていうほどの勢いなんだ。それまで茶色だった地面から、いっせいに芽が動き出す光景はワクワクさせられるよ。

こんなふうに土中の菌は、植物にとって大切な働きをしている。私が化成肥料や農薬を使わないのは、地上の生きものたちに加えて、土の中への影響も無視できないからなんだ。

標高の高いこのガーデンでは4月の下旬でもこの状態。このあと一気に芽吹き、2カ月もたたないうちに左の写真のように景色が一変する。

寒いほど大きくなるオニシモツケソウ。ナチュラルガーデンズMOEGIでは、あちこちで見られる。

土中の菌からもらったエネルギーを吸収しておき、春にそれを放出するように勢いよく芽を出すギボウシ。

46ページの写真と同じ場所の6月中旬の景色。一面茶色だった地面から芽吹いた葉たち。すさまじい勢いで、日々、成長していることがよくわかる。新しく芽吹いた葉は、みずみずしく美しい。

◉植物とソイルウェブ

地上の植物とそれを支える土壌の関係。表土近くで活動する生物、小さな土壌生物、そして多くの微生物たち。彼らは互いの力を拮抗させながら共存してネットワークをつくる。こうした生物が多様であるからこそ、土壌のバランスが保たれるんだ。

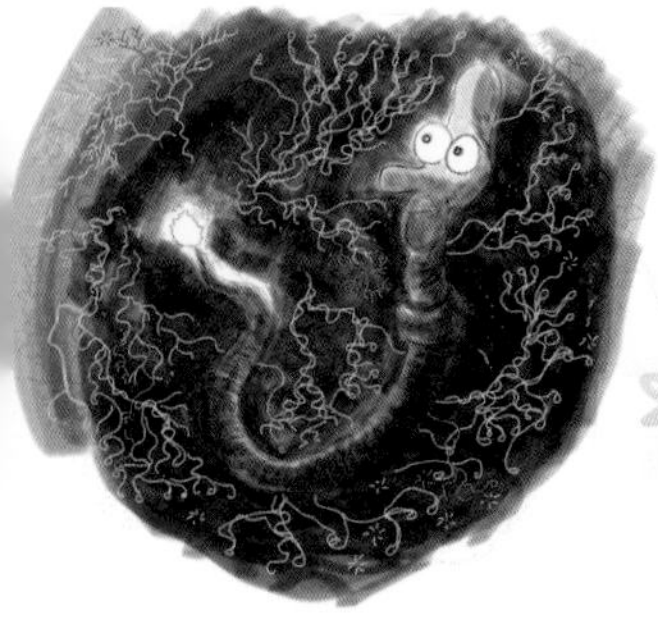

ミミズ

健康的な土をつくるために欠かせない存在。土をフカフカにして、微生物が動きやすい環境にしてくれる。また落ち葉などを食べて栄養満点の排泄物を出す。りっぱな仕事人だ。

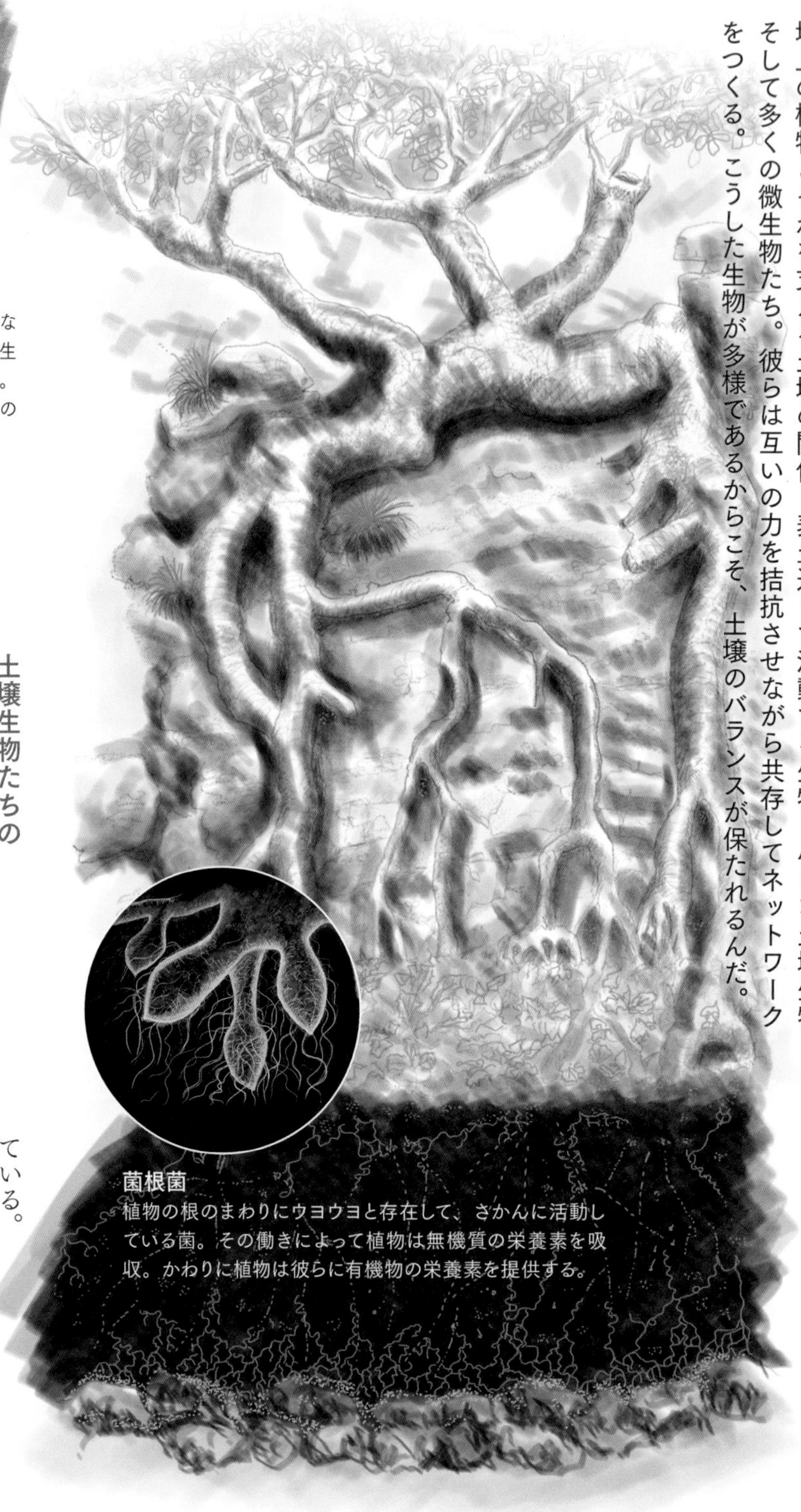

菌根菌

植物の根のまわりにウヨウヨと存在して、さかんに活動している菌。その働きによって植物は無機質の栄養素を吸収。かわりに植物は彼らに有機物の栄養素を提供する。

土壌生物たちの最強連携プレー

植物は根からさまざまな養分を吸収していることは知っているよね。その根が、元気でいるためには、土壌の中の微生物たちの働きにかかっている。

よく肥えた土というのは、有機質が豊富なフカフカの土と言われるけれど、こうした土は、動物や虫の死骸や落ち葉などが分解されたものがたくさん含まれている。

まず落ち葉や虫の死骸を食べて細

アカハネムシの幼虫
鋭い歯で朽ちた木や落ち葉をバリバリかみ砕く。そのことで他の虫も枯れた木に入りやすくなる。尻からバクテリアも出して土壌改良にも貢献している。

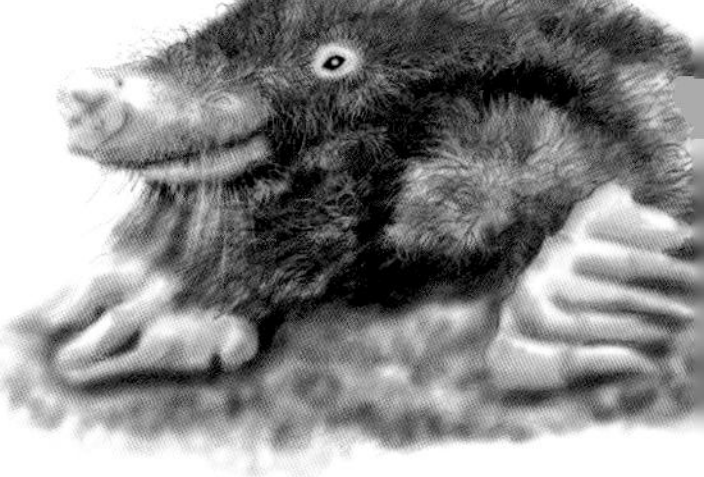

モグラ
土中を動き回って隙間をつくってくれる。土中生物の中ではもっとも大型だからパワフルで影響力は大きい。ミミズを食べるけれど、モグラもやがて微生物のエサになる。

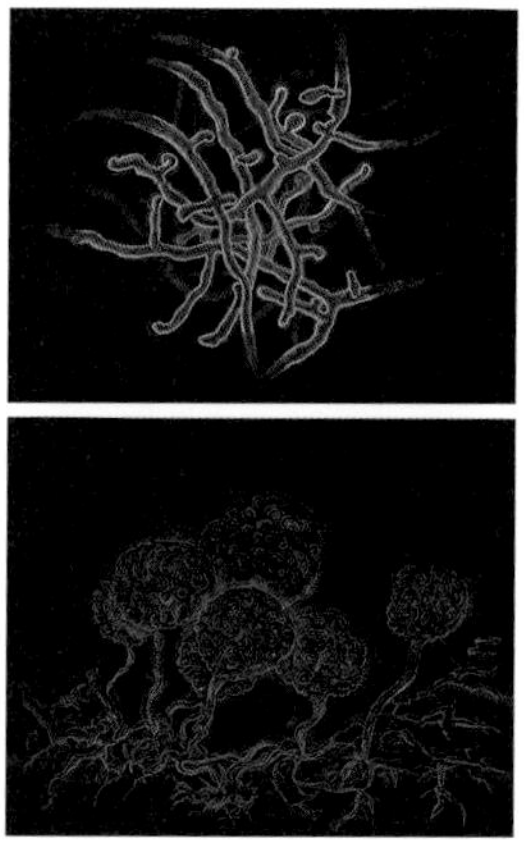

放線菌
一般的には、細長い菌糸によって増えるバクテリアの一種。種類が多く200属もあるといい、堆肥の発酵を促している。落ち葉の下や竹林などで活動している。

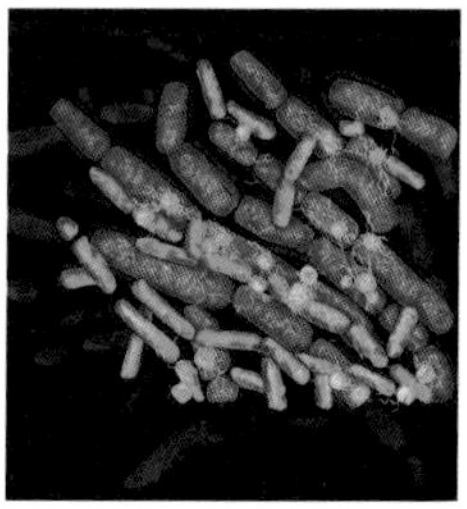

バクテリア
細菌。土壌微生物では放線菌よりも大きい存在で、さまざまな菌と共存したり、阻害する物質を出したりしながらバランスを保っている。

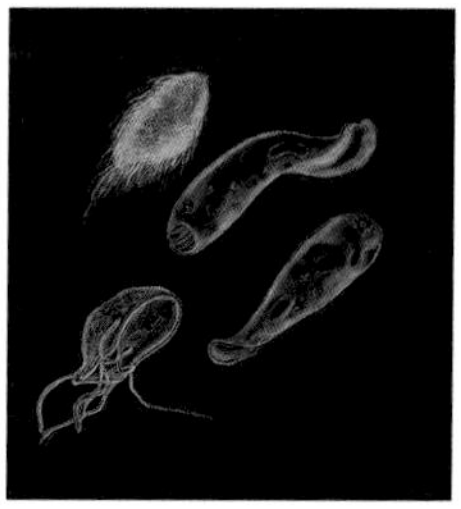

プロトゾラ
アメーバと同様の原生動物（単細胞動物）で、バクテリアよりやや進化した微生物。草に含まれるデンプンや繊維を分解する働きをしている。

かくしてくれるのは、ダニやアカハネムシ、ムカデなどの中・大型土壌動物たちだ。それより小さい小型土壌動物のネマネート（線虫）やミジンコたちも活躍しているよ。

そして、さらにミクロの世界でうごめいているのが、多種多様な土壌微生物たちだ。土壌微生物とはバクテリア（細菌）、放線菌、藻類、原生動物などを指す。高性能な顕微鏡でしか見ることができないこれら微生物たちは、腐りかけたものや土壌動物のフンを分解してくれる。中には石を分解する微生物もいて、植物はそこからミネラルを受けとったりもしているんだ。

こうした微生物は、古くなった植物の根を分解したり、細根についたカビを退治したりして根のリフレッシュにも一役買っている。植物のほうから、「これが欲しい」と注文を出すようなこともしているそうだ。

こうしてみると植物は微生物からばかり恩恵を受けているようにも感じられるけれど、お互いに持ちつ持たれつの関係なんだよ。

土壌動物や土壌微生物が複雑に連携したこのネットワークは、土壌網（Soil web ソイルウェブ）と呼ばれている。

そして、これらの連携に欠かせないのがミミズの存在だろう。ミミズも土壌生物の一種だけれど、枯葉や虫などのフン、微生物などなんでも食べる。そして、いろいろな場所に動いていって排泄もする。ミミズの排泄物は微生物のエサであると同時に、土壌や水を浄化したり、植物にも役立つ成分を豊富に含んでいる。またミミズが土の中を行ったり来たりすることで、微生物の活動場所が増えたり、植物の根が伸びやすくなったりしているんだ。

大活躍のミミズだけど、ミミズはモグラの大好物だよね。花壇にモグラが来ることは、みんないやがるかもしれないけれど、モグラはミミズ以外の虫も食べて、生態系バランスを維持してくれる。そして死んだあとも、その死骸によって有機物質を提供しているわけだよね。

こうした土壌の生物の関係性は複雑な食物連鎖ということでもあるけれど、それによって土壌のバランスが一定に保たれるということだ。不健康な土だと、当然ながら植物までもが不健康になるんだよ。

ナチュラルガーデンズMOEGIの広場の南側に位置する花壇。わざと無造作に植物が生えてきたような景色を狙って植栽している。もちろんノーディッグだよ。花や葉の生き生きしているのを見てほしい。

ツールシェッドの周囲は石段やテラスをつくって大改造した。植栽はノーディッグ、そしてダンボール＋バーク堆肥のマルチングを施している。

固定概念を捨てて土壌生物にやさしい方法で

静かな土の中で、こんな驚愕のドラマが演じられているなんて驚きだよね。ところが、この重要なソイルウェブは、人間が農薬をまいたりすると断ち切られてしまう。化成肥料をやることも土壌バランスを崩してしまうことになる。人間が「植物のため」と思ってすることが実は悪影響になっているということに、そろそろ気づかないといけないね。

　ソイルウェブを健全に保つためには、土を掘り起こしたり、耕したりすることも、やめたほうがいい。よく「いい土づくりには、まずは土の天地返し」などと言われてきたけれど、そんな固定概念はもう捨てたほうがいいだろう。

　最近は、掘り返さないほうがいいと気づき始めた人も徐々に増えているんだ。「耕さない＝No dig（ノーディッグ）」さ。

　私はもともと、苗を植えるときにその部分だけ掘り起こして植えてきた。広く耕したりしたことはなかった。植えるときの元肥もやってこなかった。そしてソイルウェブのこと

50ページ下の写真の階段奥にあたる花壇。植栽してからまだ日が浅く、マルチングの様子がよくわかるはずだ。

ダンボール＋バーク堆肥のマルチングのアップ。ダンボールを使うことにによって、より雑草が生えにくくなる。

植栽直後や雑草取りで掘り返した後などのマルチングは、私にとって欠かせない作業だ。ミミズも増えやすくなるよ。

を知って、これまでのやり方が決して間違っていなかったと確信を強めたよ。

そう、土はいじらない、それが大切なんだ。でも、耕さないと聞くと不安に感じる人もまだまだいるだろうね。ナチュラルガーデンズMOEGIもノーディッグだよ。それを実際に見ても、まだ不安？

ノーディッグとマルチングを組み合わせると新しい花壇が簡単につくれるんだ。

木の葉が落ちた林を歩くと、フカフカしていて気持ちがいい。かすかな腐葉土の香りも心地よい。そして、そこは雑草もあまり生えていない。

私はそんな自然をお手本にして、これまでもマルチングをしてきた。マルチング材は、腐葉土やバーク堆肥、ウッドチップなど、なんでもOK。私は最近、ダンボールも使っているよ。マルチングは、植えた植物を守るとともに、土壌のソイルウェブもいい状態に保ってくれる方法なんだ。その上、雑草も生えにくくなるのだから一石三鳥だよね。さあ、迷っていないでノーディッグに挑戦してみよう。

Paul's rule 7

庭づくりを頑張りすぎない

田舎で庭づくりがたとえ夢だったとしても

最近は都会から田舎に引っ越す人が増えている。そして移住してくる人は、庭づくりに興味がある人も多い。これまでも植物を育てたかったのに、庭が狭かったり時間がなかったりして、我慢してきた人も多いだろう。そんな人も田舎なら夢をかなえられるね。でもちょっと待った。全部をきっちりとした花壇にしようとするのは禁物だよ。

　田舎の分譲地は、森の一部を切り開いて整地したような土地が多いから、その土壌には、もうすでにその土地のいろいろな植物が眠っている。切り戻した木が復活したり、ササが生えたりすると、自分がイメージした庭と違うから、それを必死に抜こうとする人もいる。

　不必要な草を抜くだけでも大変だというのに、木の根っこと格闘するのは、ちょっとやそっとの苦労じゃない。しかも雨が降って土が流れて、下から石がゴロゴロ出てきたりすることもある。

　そんなとき、計画どおりにいかないと焦るより、少し手を抜いて自然

ホテル ハット・ウォールデン前のメドウガーデン、秋の景色。他の季節にも増して情趣を感じる風景に目を奪われる。

のよさを生かすことを考えたらいい。

上手な手抜き そのために有効なこと

例えば、多くの人がいやがるササ。これも抜かないで10㎝ぐらいに短く刈っておく。そして株元に積もった落ち葉をかき出して、タネをまいてみよう。するとササの間から芽吹いてきて、花も咲く草原のような景色ができあがる。手入れは、初夏と秋の年に2回ぐらい短く刈り込むだけ。やがてチョウが好む、すてきな場所ができあがるだろう。

すべてを同じようにきっちり花壇にしなくても、庭の手入れをしっかりやるところと、控えめにやるところを決めておくことも有効だよ。例えば、萌木の村のホテル ハット・ウォールデンの前のメドウガーデンは、あまり人の手をかけない、より植物たちの自由にまかせた花壇だ。

ここに植えたのは、横に広がるイブキジャコウソウやこぼれダネでふえるフウロソウなど。ひとつひとつが完璧な株にならなくてもいいという考え方でやっている。植物が勝手に動いていってもいいというラフな植栽だ。手入れは、高さを調節するためにときどき切り戻しをする程度。あとは植物が自分の好きなように生え広がっていくのにまかせている。

植物によっては大きな株になることもあるし、少なくなってしまうものもある。淋しくなったら同じ植物を足してあげたり、他にふさわしい種類を植えてみたりすればいい。

例えば、こんなところで庭をつくるなら、まず木や枝を間引いてみる。それでどんな多年草が生えてくるか観察することから始めよう。

広場の東側の斜面もローメンテナンスのエリア。山地に咲くヒヨドリバナは、花壇から林に続く場所でさりげなく群生させている。

ヤマトユキザサはタネをまいてから花が咲くまで5年ほどかかるが、場所が気にいれば、何もしなくてよい。

やれることは限界も見守りつつ手を貸そう

なぜ、このような庭にしたのかといえば、この場所は奥の森へと続く場所だから。ここをかっちりとした花壇にすると不自然で、周囲の環境とのつながりが感じにくくなってしまう。でもホテルの窓から楽しめるように、自然の草原とは逆に、グラス類が3割、花の咲くものが7割の比率で植えている。

実はこういう草原みたいな場所って、生物多様性に欠かせない、いまいちばんなくなっている環境だ。そんな場所を日本のあちこちで復活させたいと思うし、どのくらいの管理で維持できるのか、実験の場ということもある。

それに、イギリスではわざわざ高いお金を払って手に入れるような、この地域の貴重な野草が、自生地さながらの姿で見られるのは楽しいよね。

植栽をした最初の年は、ウツボグサがブワーッと圧倒的に咲き誇ったのだけど、翌年はアサマフウロソウが勢いを増し、徐々にイブキジャコウソウも広がっていった。

ウツボクサは、いつの間にか自分が気に入った場所に点々と生えていたんだ。それぞれの植物にとって、いい年があったり、そうでない年もあったりする。植物は自分たちの好きなように生きている。人間ができることといったら、普段は見守って、ときどき手を貸すだけなんだ。

講習会などで私がよく相談されるのは「大変なんです。せっかく植えた○○がほとんど消えてなくなっているんです」ということ。本人は真剣だけれど、私にしてみれば「場所が合わなかったのでしょう」と言うしかない。

知識や経験を蓄積して必要に応じて判断する

また、庭の手入れで「あれもやらなくちゃ、これもやらなくちゃ」とパニックになる人もいる。一定の時期にその作業をするのが理想だとしても、できないのならしょうがない。そのときにやれなくても、かわりにいつやるか、頭の中で予定を立てておけばいい。その年にできそうもなければ、次の年に回してもいいだろう。

ローメンテナンスでも美しい植物

キリンソウ

石段の隙間のような場所でも育つ、強健なベンケイソウ科の多年草。5～8月と長い期間で花が見られ、花壇がさびしくなりにくい。ほとんどメンテナンスフリーなのも頼もしい存在だ。

タムラソウ

夏に小さなアザミのような花をつけるキク科の多年草。植えつけ後は小さいが3年を過ぎると2m近くの高さになる。自然でやさしい印象で、群生するとみごと。年々横に広がっていくが、秋に切り戻しをするだけでいい。

バイカウツギ

日本原産で、香りのよい白い小花を6～7月に咲かせるアジサイ科の低木。手入れは花が咲き終わったら、花がついた枝を切るだけ。切る部分がわかるので、メンテナンスがしやすい。

ノリウツギ

アジサイ科の低木で、7～9月にこんもりしたピラミッド形の白い花をつける。高くなりすぎたなと思ったら、去年咲いた枝を春に切っておくだけで、きれいな姿が保てる。木陰のような半日陰が栽培適地。

でも、いくつか基本を覚えたら、その知識や経験を蓄積していって、必要に応じて自分で判断することが大切だね。何から何まで人に聞くより、自分で考えて動くほうが、絶対に身につくはずだから。

庭を上手に管理できる人って、たぶん料理も上手なのじゃないかな。レシピを見て細かく確認しながら料理をするのではなくて、「まあ味見しながらやっているから」ぐらいに適当で。でも、そのときの玉ねぎの水分が多ければ、味つけをちょっと濃いめにするとか、あるいはまわりのみんなのお腹が減っているときは、さっと短時間でつくれるメニューにするとか。そのときの状況、材料に合わせて料理ができる人は、庭づくりもきっと上手だと思う。

とにかく自分でいろいろやってみる。それで失敗したとしても、自分を責めなくてもいい。まずはやってみることが大切だね。

ナチュラルガーデンズMOEGIにあるベンチ。ガーデン内には、さまざまな場所に座れる場所が設けてあり、くつろげるようになっている。

庭でゆっくり過ごそうよ

もうひとつ大切なのは、よく観察するということ。うちの会社の社名をガーデンルームスとつけたのは、庭をもうひとつの部屋として考えてほしかったからなんだ。日本は家が狭いと言いながら、なぜかあまり庭を活用しない。もったいないよね。

庭も外の部屋として、座るところを用意しよう。そして天気がよければ、そこに出て、ゆっくりと過ごそう。そうすれば自然と庭をよく観察するようになるだろう。

そして、シーズンの終わりぐらいになったら、振り返ってみるのもいい。「今年の庭は春先まではよかった。でも、その後はちょっとさびしくなってしまったな」「じゃあ秋に活躍するものを植えたらいいね」みたいに、庭全体を眺めながら、一年を振り返ってみるんだ。

その分、普段は細かいことは気にしない。庭づくりはそれほど頑張りすぎないほうがいいんだ。

それに頑張れるときと、頑張れないときもあるよね。忙しいときは、庭とちょっと距離をとったりするで

立ち上げた花壇に隠れるような場所にベンチを配置した個人邸の庭。バラが横にあるので、香りが楽しめるようになっている。

しっかりとした樹木や柱があれば、ハンモックを設置してみても。ゆらゆら至福の時間だよ。

しょう。興味のもち方も変わるし、そこにかけられる時間も変化するのが当たり前。そのときどきで、庭とのつき合い方も変えていくしかない。私自身も、前よりひとつひとつの植物の見栄えにこだわらなくなったかな。それよりも、ゆっくりと庭にいて、シジュウカラが一生懸命ヒナにエサを運んでいる姿を発見したり、石積みに日が差したとたん、何匹ものトカゲがいっせいに顔をのぞかせた瞬間を目撃したり……。

そんな小さな生きものたちの生活を見ることが楽しいし、ひととき無心になれる小心地よさをより感じるようになった。

でもね、ガーデナーってけっこう長生きで、最後まで元気な人が多いよね。その日の朝まで株分けしていました、みたいに。それは植物のにおいをかいだり、土の中のさまざまな菌に触っているからじゃないかな。

自然ときちんと向き合えば、自然が私たちを元気にしてくれる。自然に生かされているんだ。植物もそこに暮らす生きものも、ときには困るようなこともあるけれど、決して敵ではないはずだ。だから庭では思いっきりリラックスして、庭の時間を楽しもうよ。

Part 3

「これからの庭」のつくり方
——実例編 Paul's solution

庭に必要なのは、美しさだけじゃない。庭にはさまざまな役割があるんだ。
「これからの庭」は、そうした役割をどれだけ果たせるかが大切だと思う。
「ナチュラルガーデンズMOEGI」の
様々な課題を解決した改造例を見てみよう。
あなたの庭づくりにも役立つ処方箋になるはずだよ。

Gardening with a future

広場はなだらかな斜面がとり囲んでいた。通路はわかりづらい。雨が降ると周囲の水が広場に流れ込んで悲惨な状況になっていた。2012年5月。

Paul's solution ①

機能的で美しい公共空間への処方箋

花壇、広場、通路の役割を明確に

　私の萌木の村の第一印象は、ところどころに緑色が見られるけれど、全体的にぼんやりとした茶色でメリハリに欠けた場所というものだった。広場は芝生が傷んでいて、大雨のあとに足を踏み入れるとすぐにグチャグチャに。そして、その周囲に申しわけなさそうにある花壇は、全体的なスケールと合っていない。花壇の存在がわかりにくいから、人に踏まれて植物は散々な状態だった。

　こんな状況をつくった原因は、きちんとした計画がなく、思いつきや間に合わせばかりで対処してきたためだろう。

　この広い空間を魅力あるものにするためには、抜本的な全体構想が必要だと私は考えた。ぼんやりとした空間にどうやってメリハリをつけていくか。また、人が集まる場としての安全性や使いやすさも課題であった。そのうえで美しい植栽によって、人々を楽しませることも、もちろんおろそかにはできないのだ。

　最初に行ったのは、芝生をはがして砕石を入れて転圧した上にウッドチップを敷いて、広場を使いやすい状態に改善したことだ。そして花壇は石積みを築いて高さをつけた。その周囲には、きちんと整備した歩きやすい通路もつくることにした。

　広場、花壇、通路、それぞれの役割をはっきりとさせたうえで、すべてのグレードをアップさせていったんだ。

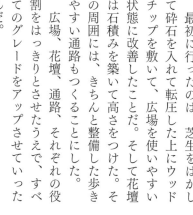

広場の東側に南北に長く伸びた通路。その両脇は長いボーダー状の花壇になった。斜面に通路や石積みをつくったことで、雨水が広場に流れ込むことも回避できた。2017年6月。

斜面の土を削ったり土を盛ったりしながら石積みを築いていく。ナチュラルガーデンズMOEGIのすべての石積みは、萌木の村の頼もしいスタッフによるものだ。2015年1月。

北東の高台から広場を見たところ。使いやすくなった広場の周囲に、花壇が整備されているのがわかる。周囲の高い木々は、必要に応じて切り戻したり伐採したりして日差しを導いている。2015年5月。

広場の北東の高台に築かれた複数の花壇。高さもさまざまな石積みは、丸く囲むことで、日向や日陰など複雑な環境を生み出すことができる。2014年5月。

Paul's solution ❷

土地の特徴を生かすための処方箋

高い石積みの花壇には、枝垂れる植物も植えこんでいる。曲がり込んだ通路や石積みの高さで、あえて先を見通せないようにして、散策する人のワクワク感を高めている。2017年6月。

場所の特性ごとに合わせた植栽を

萌木の村の広場は、楕円のすり鉢の底ような形をしていて、それをとり巻く斜面があり、高い部分に店舗が配置されている。土地に高低差があるので、高台から全体を見渡せたり、広場の周囲をぐるりと散策できる地形になっているのが特徴だ。

高低差のある土地は、性質の異なる植物を植え込むためには、絶好の条件と言ってよいだろう。さらに、要所要所にテラス状のスペースを設ければ、コーナーごとにさまざまな演出もできる。

私はそんな地形を活用した、回遊できるガーデンを計画した。石積みの花壇の進み具合に合わせて、地面の高さや日当たりなどに応じた変化のある植栽を行っていった。

例えば、レストランROCKの脇から広場に降りていく途中には、砂利をたっぷりと敷きこんでグラバルガーデンをつくった。この場所は高所に位置しているから水はけがよく、乾燥を好む植物を集めたコーナーになっている。その一方で、やや奥まったコーナーには、日陰を好む植物

通路の右側は乾燥を好む植物を集めたグラバルガーデン。左側は2mほど低くなっていて、テラス状の空間を設けた。伐採した木でつくったパーゴラも設置して、一休みするのにちょうどいい。2017年6月。

を集めたシェードガーデンもつくった。

　石積みの高さや花壇のスケールもそれぞれ。場所場所によって性質が異なる植物を配して、バラエティーに富んだ空間を、少しずつ築いていったんだ。

上の写真の元の状態。花壇の存在感が弱く、通路は植物が伸びてくると歩行困難になるほど狭い。よく練られた設計とは言い難い空間だ。2012年5月

ギボウシやブルンネラなどが群生するシェードガーデン。ここはやや薄暗いデッドスペースだったが、葉がきれいな植物を植栽したことで、ほっとできる穏やかな場所になった。2018年6月。

シェードガーデンができる前の状態。寒い地域に見られるハルニレなどがそびえていて、地面にはさほど日差しが届いていなかった。排水溝のふたが目立っていた。2012年9月。

老朽化が進み、ひっそりととり残されたように建っていた元店舗。手前の急斜面もとても使いにくかった。2015年10月。

Paul's solution 3

埋もれた魅力をきわ立たせるための処方箋

数段のテラス状になった前庭の花壇には、八ヶ岳の野草や園芸種まで、見ごろの異なる植物が植えられている。2018年6月。

庭のデザインでスポットをあてる

萌木の村には、長年かけて導入してきたさまざまな施設がある。ところが全体構想がきちんとされていなかったために、そうしたものを生かしきれているとは言いがたかった。

そんな隠れた存在にスポットをあてたり、その場所に行きやすくしたりするのも、庭の大切な役割でもあるんだよ。

例えば、ツールシェッドは、一時は取り壊しも検討されていた古い店舗だった。広場に面しているのに周囲は手入れがされていなくて、樹木がはびこり建物自体もなんだか気味悪いような状態だったんだ。ガーデンメンテナンスの拠点とするために、私は、この建物に手をかけて、アプローチを美しくするために石の階段やテラス、そして階段状の花壇も設計して、ここを魅力ある空間につくり直したんだ。

一方、広場の南東側の斜面の上には、年代物のメリーゴーラウンドがあった。凝った装飾でとても貴重な存在であるはずなのに、樹木に阻まれてほとんど見えない状態だった。

私はこれをきわ立たせるために、メリーゴーラウンドの前の大木を伐採して堂々とした石段を築くことを計画した。

現在、築いた石段の上に立つメリーゴーラウンドは、初めてその真価を発揮することになった。動画などの撮影場所としても知られるようになって、萌木の村の名物としてよみがえったんだ。

もともとあった木の階段は、足元が危なかった。水平かどうかもあやしい状態だったから、メリーゴーラウンドも不安定で、壊れているようにも見えた。2014年6月。

広場からメリーゴーラウンドがある方向を見ても、樹木に隠れてなかなかメリーゴーラウンドは見つけにくい状況だった。2015年8月。

堂々と幅をとった石段と花壇で、印象は一変した。遠目にもメリーゴーラウンドがきわ立って見える。途中の花壇にはバラの‘ペネロープ’も植えて、華やかな場所にした。2017年6月。

広場の東側、メリーゴーラウンドまで南北に長く伸びた通路。両脇は長いボーダー状の花壇に。斜面に通路や石積みをつくったことで、雨水が直接広場に流れ込むことも回避できた。2017年6月。

Paul's solution ④

生物の多様性をさらに高めるための処方箋

小川をつくり植物を植えつけたところ。水の流れが現れたことで、水浴びしにくる鳥やトンボが増えた。2018年6月。

生き物を呼ぶ水辺の復活

庭をつくるときはいつも、多くの生きものが生息しやすい環境づくりを心がけてきた。ナチュラルガーデンズMOEGIでも、生きもののための工夫をいろいろ凝らしている。そのひとつとして小川の再生がある。

南側のオルゴール博物館の前には、30年くらい前に小川にふたをして暗渠になった部分があった。私はこれを元の小川に戻して、より多くの生きものが生息できる場所にできたらなぁと考えたんだ。

だれも見向きもしなかった殺風景な場所が、美しい自然の景観につくり変えられることも重要なことだよね。小川があれば、その周囲に水辺を好む植物を植えることもできて、またひとつ、異なる性質の庭が誕生するはずだ。

小川の再生工事は、まず園路のタイルやアスファルトをはがして掘り下げ、石で護岸を築いてから暗渠をはずして、一定の区間に水が流れるようにした。ゆっくり水が流れるように、自然の小川をまねて大小の石を配置した。すぐにキセキレイが水

植物が生い茂る初夏のころの景色。雨の後には、小川の流れに変化が生じる。そんなところも私には興味深い。2020年8月。

浴びに来て感激したよ。
　植栽は、周囲に生えていた樹木を整理して周辺を明るくしてから、植物を植え込んでいった。いまではこの場所は植物が美しく成長して、以前そこに暗渠があったなんて、だれも想像できないような場所になっているよ。

小川の南西側には大型バスなどが停まる駐車場があるが、この一帯も整備した。ここから入るお客さんにとって、水辺の庭は印象的なアプローチとなっている。2012年4月。

暗渠があったころの状態。雑草が伸びていて、駐車場は丸見え。殺伐とした一画だった。2012年4月。

Paul's solution 5

人を迎える場としての処方箋

かつては店舗の前ギリギリまで駐車場で、広場への通路は滑りやすく危険だった。2014年8月。

火災が起こった翌日のROCK。店舗は骨組みを残してほぼ全焼したが、不幸中の幸いで、花壇は消失を免れた。2016年8月。

華やかな花壇で印象は一変

レストランROCKは、萌木の村の顔とも言える施設だ。木を多用したインテリアで、高い天井が開放感を感じられる心地よい空間になっている。

ところが、かつては店のすぐ前に駐車場があって、車の往来が激しかった。また、レストランのサービス導線もいっしょなので、業務用車両がよく停まっていた。正直、人を歓迎する景色とはほど遠かった。

私は、この場所を使いやすくしたいと入り口付近にテラスを立ち上げて、ゆとりある勾配のスロープも設けた。これで車椅子の人でも難なく店に入ることができ、パブリックな場所としての必要な機能を確保したわけだ。そして入り口周辺には、大きな石を並べて、花壇を設置。鮮やかな景色が生まれて、人を歓迎する雰囲気になったんだ。

ところが2016年の夏、ROCKで火災が発生した。店舗の裏側から燃え出して、火は屋根を伝って建物が全焼してしまうという惨事が起こった。

シマススキは、夏は他の植物の背景としての役割を演じているが、秋になるとりっぱな穂が出て花壇の主役に躍り出る。透明な朝日から燃えるような夕日まで、キラキラと光の変化を映し出し、風にたなびく姿に感動する人が多い。ムーレンベルギアも夏は尖った葉が密生し、こんもりとした塊が花壇のアクセントになるが、秋に赤い穂が上がると息をのむ美しさだ。そのままの姿で2月ごろまで活躍し、長い期間、花壇を彩ってくれる。2017年11月。

お客さまを迎えるのにふさわしい、大きなギザギザの葉と直径10cmにもなる巨大な花が造形的なフジアザミ。八ヶ岳の自生地では激減しているが、自生地と似た砂利だけのこの花壇でのびのびと育ち、こぼれダネで増えている。他にも八ヶ岳の貴重な野草であるオオビランジやオキナグサなども、園芸種のバラやオーナメンタルグラスと仲よく同居し、訪れる人々の心に残る風景を構成している。2020年9月。

それでも約1年後、ROCKは見事によみがえったんだ。その際、店舗前のエリアや駐車場の導線も全面的な見直しをした。駐車場があったスペースに大きな花壇を設けたんだ。リニューアルした店舗の内装は以前の面影を残しているのだけれど、店舗前はガラリと一変。そう、とってもいい意味でね。

あざやかなピンク色が貴重な準絶滅危惧種のオオビランジ。2020年7月。

バラも砂利だけですくすく育っている。2018年6月。

Paul's solution ❻

周囲の環境と庭をつなげるための処方箋

リニューアル前のハット・ウォールデンは、部屋の窓を開けると駐車場が見えるという残念な設計だった。2017年3月。

野草を中心にした植栽は、土を掘り起こすことなく表面に段ボールを敷いて、堆肥をマルチングして植えつけをした。こうしたことも実験の一環だ。2019年6月。

自然を尊重する究極の方法

ROCKの前庭をつくるときには、そこに隣接しているホテル、ハット・ウォールデンの庭も構想する必要があった。

庭づくりの構想を練るとき、私は周囲の環境といかに調和させることができるのかも気にかかる。ハット・ウォールデンは背後の森と連続する場所に建っているから、他の庭より、さらに自然なスタイルにしたかったんだ。そこで思いついたのが、メドウガーデン（草原の庭）だ。

他の花壇は株分けや間引き、植えかえなどで植物のボリュームや数をコントロールしている。だが、この庭ではそうしたことも極力抑えているんだ。

ここは植物自身が勝手に好きな場所に広がっていったり、育ちやすい場所でタネが自然に発芽したりするようなローメンテナンスの庭という位置づけだ。植物にまかせて人間はどこまで楽ができるのか。この庭は私の実験場でもある。

なぜそんなことを考えたかといえば、どんなに植物や庭づくりが好き

な人でも、いろいろな理由で手をかけられない時期がくることがある。そんなとき、こうした庭を知っていたら、プレッシャーは軽くなるだろう。自然を尊重するやり方としては、究極の方法とも言える。私からの新たな提案でもあるんだ。

ホテルの裏から続く林道。八ヶ岳の自然の中を散策しやすくするためにチップを敷き詰めている。林の中は、木を整理して日照を確保。やがてさまざまな多年草が生えてくるだろう。2017年6月。

Part 4

「これからの庭」のつくり方 ——作業編 Paul's daily work

植物はほうっていても季節を感知し、その時期がくればみずから芽を出し、葉を広げ、花を咲かせたり、タネをつけて好きな場所に移動したりする。人間が行う庭作業は、そんな彼らがより健康的に魅力的になるための手助けだ。季節ごとにちょっとした手入れをして、植物をサポートしてあげよう。

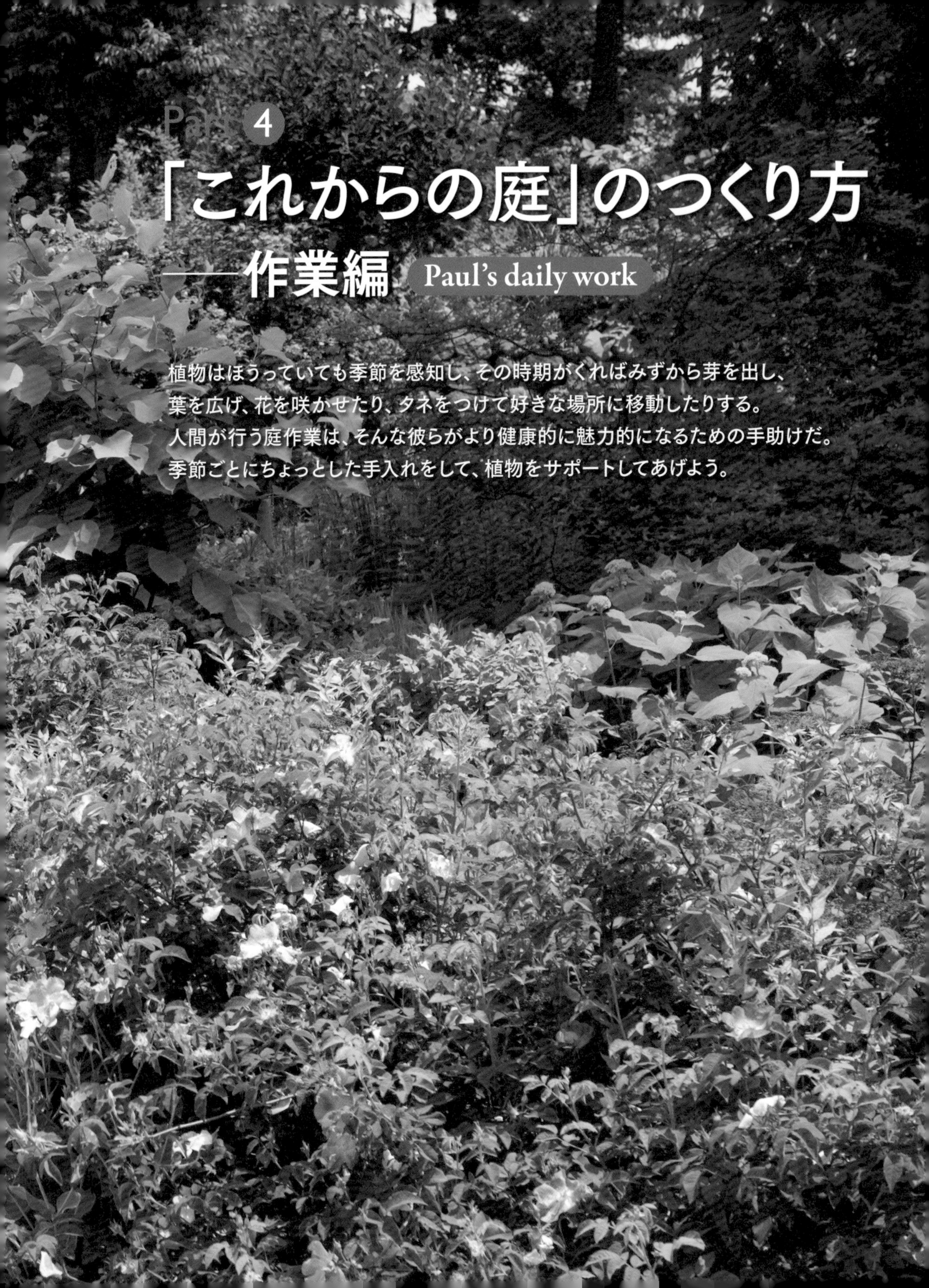

Paul's daily work

春の作業

一度植えつけてしまっても、気に入らなかったり
失敗したりしたら、植え直してみる。
そうすることで庭づくりはもっと上達する。
春だからこそ、いろいろな考えを巡らせて、
新しいシーズンの構想を立ててみるのもいい。

春の作業①

雑草対策

「いきなり雑草とり?」と驚くかもしれないけど、
実はこれが大事な作業。春のうちから
雑草対策をしておくことで、より庭が美しく保てるんだ。
いましっかりやっておけば、夏の苦労も半減するはずだ。

こぼれダネでふえる雑草

こぼれダネや飛んできたタネでふえる雑草は、イネ科やキク科の雑草などいろいろ。
ほうっておくと巨大になり、抜きにくくなる。とにかく早めにとってしまうことが肝心だ。

1 少し前に苗を植えたオニユリの間に、小さな雑草がポツポツと生えているのを発見。大きくなる前に退治したい。

2 掘り返した雑草は、しっかりと根づいていた。根の部分をきれいにとり分けて、土は元に戻しておこう。

3 すでに育ってしまった雑草は、シャベルや山菜掘りの先で掘り起こそう。根を途中で切らないよう慎重に。

4 まだ発芽したばかりの雑草なら、山菜掘りやシャベルを寝かせて左右に動かし、根ごとかきとっていくとよい。

地下茎でふえる雑草

地下茎やランナーで広がる雑草には、スギナやドクダミ、ササ、メヒシバ、クズなどがある。
少しでも根が残っていると、そこから芽が出てくる、しぶといタイプが多い。

1 スギナは、手で抜こうとするとプツンと切れてしまう。根っこはしっかり残っているので、かなり手ごわい。

2 少し離れたところにスコップを入れて、大きく掘り返していく。地上に出ている芽から、掘る位置を見極めよう。

3 土をていねいに探っていくと、長く伸びたスギナの根が出てくる。途中で根を切らないように、慎重に、慎重に。

4 掘り上げた根は、50㎝以上もつながっていることも。1節ごとに芽が出てくるので、しっかりとり除こう。

スギナは手で抜くと、地下茎が途中で
切れてしまうので注意。スコップを使おう。

苗の準備が整うまで、先に土の上に防草シートをかぶせておこう。これなら光が届かないので雑草が発芽できないし、生えていたものは枯れてしまう。

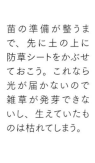

雑草をふやさないための工夫

Idea
1

マルチングをする

これまでもマルチングの効果については話してきたけれど、地表にマルチングをすると、こぼれダネの発芽も防げる。また、土がやわらかくなるので、地下茎でふえる雑草もうんと抜きやすくなる。指2本分の厚さで、たっぷり敷き詰めよう。土の乾燥防止にもなるし、見た目もきれい。

マルチング材は、ナチュラルガーデンズ MOEGI では
バーク堆肥を使用しているが、腐葉土、ウッドチップ、砂利でもいい。

Idea
2

段差をつくる

真っ平らな花壇は、地下茎やランナーで広がる雑草には好都合な環境。でも段差をつければ、雑草の広がりをストップできる。高い石段なら植物が目線に近くなるし、水はけもよくなるので、いいことだらけだよ。

Idea 3

株間を詰める

通常の植えつけより株間を狭くすることで、雑草が生える余地をなくすのも効果的だ。植えた株が大きくなったとき、葉が重なるぐらいが株間の目安。また、除草をしたら、そこに何かを植えておくクセをつけよう。

Idea 4

自然に出た植物を生かす

「雑草を生やさない」といっても、すべてとるのではない。ナチュラルガーデンズ MOEGI では、フウロソウなどはこぼれダネで自分の好きな場所に移動する。自然に生えてきたものでも、よい組み合わせなら生かしていこう。そのほうが自然な景色になる。創造的な除草、「クリエイティブ・ウィーディング」を実践しよう。

ここでは株分けをしたあとのカライトソウを植えた。
植え終えたあとは、バーク堆肥などで
マルチングも忘れずに。

春の作業②

苗の植えつけ

植物を元気に育てるために、
植えつけの基本をおさらいしておこう。
私の植えつけは無肥料で行うため、
無駄に大きくならず、支柱も不要。
植物が本来の株姿に育ち、自然な景色が生まれるよ。

1 植え穴は大きめに。大きく掘ることでやわらかい土の部分がふえ、根が張りやすくなる。このときも雑草の根を見つけたら、その場でとり除いておこう。

3 周囲に土をかけたら、最後に指先できゅっと根鉢を押さえるようにする。植えつけ後にたっぷりと水やりを。

2 植え穴の中で根が広がるように苗を据えて、土をかけていく。このとき、深植えにならないように、根鉢の高さに気をつけるのがポイントだ。

春の作業③

タネまき

同じ植物をたくさんふやしたいときは、
タネをまくのがいちばんの方法。
私もこれまで、採取したタネで多くの植物を育ててきた。
自家採種のタネは、採取後すぐにまいて、
様子を見るといいよ。

タネまきしたヤマルリトラノオ。
野草のタネは一度に発芽しないものもある。
成長した苗と小さな芽を両方生かすには、
上をくずさないよう、そっと大きな苗だけ鉢上げする。

1 タネまきには、他のタネなどが混ざっていないタネまき用の培養土とポットを準備する。まず用土をポットの縁、すれすれまでふんわりと入れておこう。

2 タネの上に土をかぶせるスペースを設けるために、別のポットの底で上から軽く押しておく。1㎝ぐらい下がった状態が、土のかたさもちょうどよい。

3 タネが指でつまめる大きさなら、間隔をあけてまいておこう。ひとつのポットに3粒くらいが目安だ。細かいタネなら、パラパラと全体にまいておく。

4 覆土はタネまき用土または、バーミキュライトなら土の乾き具合がわかりやすい。水を入れたトレーなどに並べて、しっかり水分を吸わせる。あとは乾燥しないように管理。

春の作業④

株分け

大きすぎる株や雑草が混じってきた株は、株分けをしよう。
水の中で振り洗いして分ける「根洗い」も、慣れれば簡単。
植物の元気な部分が正確にわかり、
かなり細かく株を分けられるやり方だよ。

今回株分けしたカライトソウは、
暑さにも強い多年草。
ナチュラルガーデンズ MOEGIでも
夏から秋まで活躍してくれる。

株を掘り上げて分ける

ギボウシなどは芽が出てからのほうがわかりやすく株分けがしやすい。
葉が展開する前にタイミングよく株分けしよう。

1 大株になった花壇のギボウシ。芽が出たところで株分けをする。どのへんでいくつに分けるかおおよそ決めておくとよい。

2 最初に株のまわりに縦にスコップを入れて、そのあとに横からスコップをさし込み、株全体を浮き上がらせるようにする。

3 掘り上げたら、株を横にしてスコップをさし、まず半分程度に分ける。さらに小分けにする場合は、手で割いたり、山菜掘りナイフなどを使って細かくする。

4 細かく分け終わったら、流水やバケツにためた水で、ていねいに根を洗う（根洗いの仕方は 83 ページで解説）。

株分けの際の根洗い

株分けのタイミングでの根洗いは、さらに株をこまかく分けられ、根の乾燥も防げる便利な方法。絡まりやすい根もほぐしやすくなる。

1 まずスコップで株を掘り出す。大きい株の場合は、周囲からスコップをさして根を傷めないようにしよう。掘りとった根は、軽くほぐして土を落としておく。

2 水を入れたバケツやみのの中で、根の土をていねいに落としていこう。根の状態を見ながら振り洗いしていくと、絡まった根も同時にほぐれてくるはずだ。

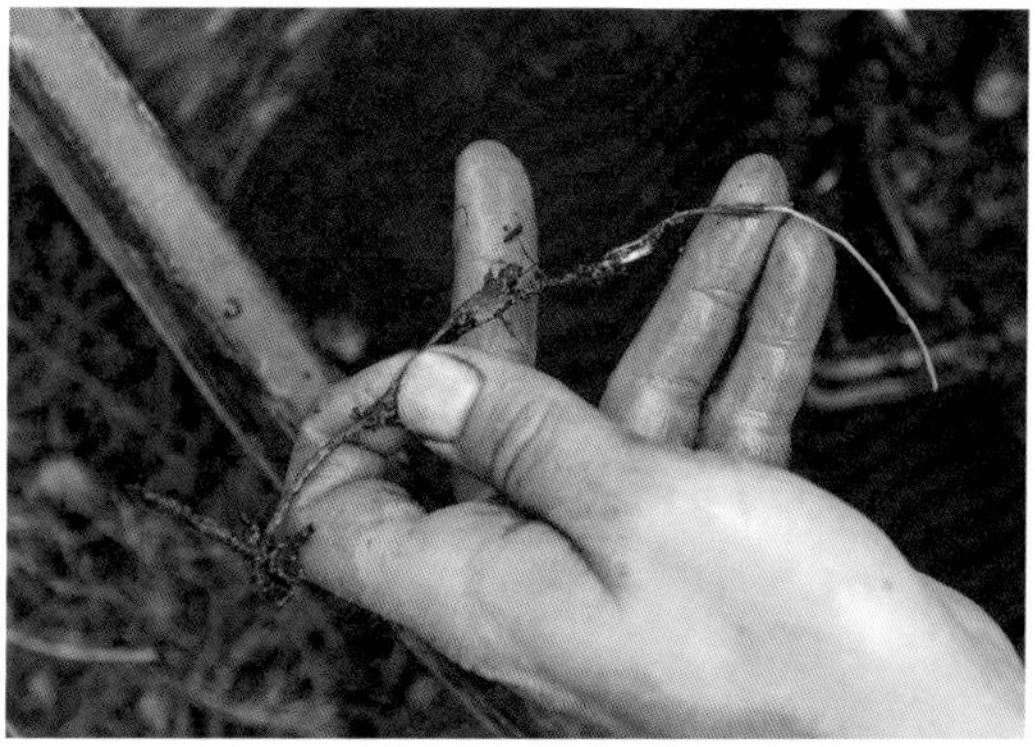

3 根洗いすることで、株と一体になっていた雑草もとり除くことができる。また、枯れた根もとって、元気な白根のある部分だけをより分けていこう。

4 株分けした状態。茎や芽を確認しながら行えば、かなり細かく分けることができる。株分けに不向きな時期でも、根洗いならダメージが少なくてすむ。

例えばこんな植物を株分け

株分けに向く植物は他にもいろいろある。分けることで株のリフレッシュにもなるので、ぜひやってみよう。

イカリソウ

植栽すると少しずつ広がっていき、乾燥にもよく耐える。のり面などで土の流出を抑えてくれる。ある程度まとめて植えたい。

ブルンネラ

可憐な青い花が人気だが、冷涼な環境で育てる必要が。グラウンドカバーや木の足元に植えるとよい。ふやすには株分けが最適。

アルケミラ・モリス

グラウンドカバーやバラの足元などに。植えたまま放置すると元気がなくなるので、３年に一度は株分けでリフレッシュを。

春の作業⑤

挿し木

植物を手軽にふやせる方法で、
適期は晩春から梅雨時まで。
その品種の特徴が出ている茎を使おう。
挿し木後、土が乾かないよう、私は密閉できる
ストックバッグにポットごと入れて管理しているよ。

1 挿し穂に適しているのは、成長が旺盛な茎の先端部分。だが、もっとも先端は挿し穂にしてもしおれやすいので、あらかじめカットしてしまう。

2 先端部分をとり除いたあと、さらに2つ目の節（葉の出ているところ）の下でカット。節の部分から根が出るので、必ず、節の下で切ることが大切だ。

3 これで節2つ分（葉が出ている部分は２カ所）を残した挿し穂ができたことになる。次に、下の節から出ている葉を切ってとり除いておこう。

4 次に、上のほうの葉もカット。こちらはすべて切り落とすのではなく、葉の半分をカットする。こうすることで、葉から水分が蒸発するのを抑えられる。

5 挿し穂のできあがり。ポットなどに挿し木用の培養土を入れ、挿し穂の下の節がしっかり埋まるように挿しておく。その後は、水やりをして土が乾燥しないように管理。葉がたくさん生えてきたら、鉢上げできる。

例えばこんな植物で挿し木

ナチュラルガーデンズ MOEGIでは、挿し木でふやしている植物も多い。そのいくつかを紹介しよう。

ベロニカ

さまざまな種類があるが、丈の高いものは花壇の中心に群生させたい。花もよく咲き、安心して植えられる。挿し木も容易だ。

アサギリソウ

水はけのよい日なたを好む。ふわふわした銀色の葉が他の植物をきれいに見せてくれる。バラの足元にも。

ヒヨドリバナ

ナチュラルガーデンズ MOEGI のあちこちで見られるヒヨドリバナ。タネまきのほか、挿し木でもふやしやすい。

サルビア

花壇に華やかさが必要なときに役に立つ。花期が長いので切り戻しをしながら管理する。切り戻した茎を挿し木に利用するとよい。

アメリカノリノキ‘アナベル’

花が大きく葉もりっぱ。長期間、見せ場をつくってくれる重宝な植物。あれこれ植えられない狭い場所に使える。挿し木も簡単。

Paul's daily work

秋の作業

植物が旺盛に成長した夏が過ぎ、
気温が下がり日照時間も短くなってくる秋は、
庭をリフレッシュさせよう。
株分けや切り戻しを行い、夏に活躍した植物から
秋に活躍する植物へバトンタッチすることで、
庭づくりがより計画的になる。

秋の作業①

株分け

春のほかに、秋にもできる作業で、
耐寒性のある植物なら秋の終わりごろが適期。
植えつけ後、数年でりっぱになった宿根草の株を
いきいきとした姿を保つために、数年に一度は株分けをしよう。

1 2年前に植えたシベリアアイリス。真上から見ると、株の中心が空いている。中央から外側に新芽を伸ばしていた証拠。そろそろ株分けが必要。

2 掘りとる前に葉を適当な長さで切る。株分けすると根が小さくなるので上部のバランスをとるためと、作業をしやすくするため。

3 株を半分に分けるように入れやすいところをねらって、スコップを垂直にさす。スコップに体重をかけて思いきりよく。

4 株の脇からスコップを斜めにさして、根の部分をもち上げる。掘り上げたら、古い葉や咲き終わった花茎をカットする。

シベリアンアイリスなどのアヤメ科の花が
ナチュラルガーデンズ MOEGIで咲くのは5月中旬～下旬。
株分けでふやし、春の景色をつくっている。

5 掘り上げた株を少しねじるようにし、根を分ける。左右に引っ張るのがコツだが、できるだけ根を傷めないように。

6 さらに芽をつぶさないように気をつけながら、小分けにする。1株から、たくさんの株がとれた（写真下）。植えたときに自然に見えるので、株の大きさは差があってよい。

7 小分けにしてできた苗を植え込む。成長することを見越して、株間をしっかりあける。大きい株と小さい株を混在させると、ナチュラルな植栽に。

8 植えつけ後の水やりはたっぷりと。ここでは斜面に植えたので、水が流れないように、水鉢をしっかりとつくった。

秋の作業②

切り戻し

夏を越した宿根草は、草姿も乱れ、
全体的に疲れた印象になる。
それを地ぎわからバッサリ切り戻すのがこの作業。
ただし、紅葉がきれいなものや
枯れた姿に味わいのある植物は、残しておこう。

カラミンサ

日なたを好むシソ科のカラミンサ。明るめの半日陰でも育つ。夏から秋まで花期も長く、葉に触れるとミントのような香りがする。

1 まだ花が残っているけれど、盛りが過ぎたカラミンサ。晩秋の気温が低下していくなかで、花茎も茶色に。切り戻しが必要な状態。

2 茎をまとめて片手で握る。片手で握れないほどの大きな株なら、何度かに分ける。

3 できるだけ地ぎわ近くでカットする。

4 切り戻し完了。作業前の雑然とした景色がすっきりとした。霜よけもかねて、バーク堆肥や腐葉土をマルチングしておくとなおよい。

秋の作業③

秋植え球根の植えつけ

秋に植えて春に花が咲く秋植え球根は、
多彩な種類がそろう。
原種系の球根なら、一度植えつければ
長く楽しめるものばかり。
整列はさせず、自然に生えてきたように見える
植えつけ方にしてみよう。

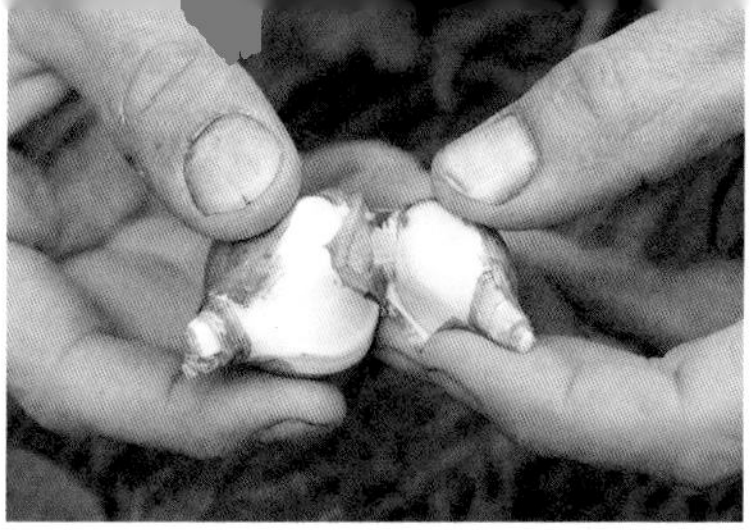

子球のついている球根は手で分けて、
親球から少し離して植えよう。
自然に分かれたように見え、
ナチュラルな景色になる。

1 早春に咲く小型のスイセン‘テータテート’を植える。芝生の一部に植えつけるので、刈り込みバサミで芝生を短く刈り込んでおく。作業しやすいように、落ち葉も片づけよう。

2 球根は並べず、球根が入っている袋を持って、パラパラと周囲にばらまく。これが自然に生えているように見せる位置の決め方。

3 地面にばらまかれた球根。くっついている球根も離れている球根も、基本的にはそのままの位置に植えるのがポイント。

4 あとは、ひたすら掘って植える。深さの目安は球根３個分だ。山菜掘りを使えば狙った場所だけが掘れ、不必要に土を掘り返すこともない。

秋の作業④

低木の整枝

春から夏に旺盛に伸びた樹木も、秋には枝が混み合って見えるもの。
秋からは剪定の適期だが、バッサリと切るのは禁物。
樹高を低くすることより、形を整える程度の剪定を。
株立ちなら、適宜、幹を地ぎわから切ることで形が整う。

●不要な枝の整理

不自然に伸びた枝や交差した枝は、剪定バサミを使って剪定を。また、株のふところのような日が差さない場所にある枝は、やがて枯れてしまう枝。そうした枝もあらかじめカットしておく。

ジューンベリーはバラ科の低木。
ザイフリボクという和名でも呼ばれ、庭木としても人気。
春の花、初夏の果実、秋の紅葉まで、楽しみの多い木。
鳥を呼ぶ木でもある。

●太い幹の整理

1 株の内側を向いたり、他の幹と交差したものは地ぎわでカットする。いきなり地ぎわで切ると作業途中で木の重みで裂けてしまったりするので、まずは切りやすい部分で切っておく。

2 いったん1mほどで切った幹を、今度は地ぎわぎりぎりでカット。剪定で使うノコギリは刃の幅が狭いもののほうが、枝が混んだところにも刃をさし込みやすく扱いやすい。

3 地ぎわから切ったところ。株立ちの樹木は、数年に一度はこのように新しい幹に更新する。地ぎわから勢いよく伸びた枝は次の幹の候補なので、どれを生かすか目をつけておくとよい。

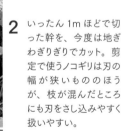

幹や枝が交差して雑然とした樹形も、どことなくすっきりとした印象に。どこを切ったのかわからないぐらいが、ちょうどよい剪定。

一見、剪定が不要にも感じられるジューンベリーだが、手前のアナベルを覆い隠す勢い。株元にも光が当たるように剪定する。

庭木におすすめの低木

手間いらずで、楽しみも多い低木を紹介しよう。合った場所に植えれば、元気に育つ。

カマツカ

バラ科。日本に自生するすてきな木なのに、あまり植えられていないのは残念。樹高 4m ほどの株立ちが多く、赤みをおびた新芽、白い小花、紅葉も楽しめる。落葉後に残った赤い実が秋空に映え、鳥も呼ぶ。

コアジサイ

ユキノシタ科アジサイ属。日本の林に自生する低木で、シェードガーデンにおすすめ。初夏に繊細な花を咲かせ、さわやかな香りを漂わせる。秋の黄葉も美しい。ほとんど手入れは不要で、枯れている枝をとるぐらいで樹形を保てる。

Paul's daily work

冬の作業

冬の間に行う作業として剪定がある。

大事なのは、「どのタイミングでどれくらい切るか」を考えること。それぞれの木の性質を知り、どんなふうに楽しみたいかを考えて剪定をすれば、木を切ることも怖くなくなる。

冬の作業①

低木の剪定

高さのコントロールがしやすい低木は、小さな庭におすすめだ。作業も剪定バサミやノコギリでできる。木のタイプやどう楽しむかによって、剪定のタイミングと方法は変わってくる。

花を楽しむ低木（ブッドレア）

フジウツギ科の落葉低木、ブッドレアを例にする。

ブッドレアは夏から秋にかけて、その年に伸びた枝に花を咲かせるので、剪定するのは花が咲き終わった枝。

冬でも剪定できるが、芽が出てくる早春のほうが切る場所を特定しやすい。下から2～3つの芽が残るあたりで切ろう。

剪定から３カ月後の６月末の状態。枝が伸び、葉がたくさん出てりっぱな株に。８月には紫色の穂状の花をつける。花後に切り戻すと、秋まで何度も花を楽しめる。

←

1 ３月末、ナチュラルガーデンズ MOEGI のブッドレアは、ようやく芽が出てくる。このころのほうが、剪定する場所がわかりやすい。

2 剪定バサミで簡単に切れる。芽を２～３残して、高さ30～40㎝に剪定した。切る場所が数㎝くらい違ったって、木はそんなこと気にしないので、あまり神経質にならなくてもいい。

同様の剪定ができる低木

ノリウツギ、アメリカノリノキ‘アナベル’、セイヨウニンジンボク、エルサレムセージなど、その年に出た枝で花を咲かせる低木は、同じように剪定できる。春までにばっさりと剪定することで、コンパクトな姿で楽しめる。

葉を楽しむ低木（スモークツリー‘グレース’）

煙のような花が特徴のウルシ科の落葉低木。

ただし、花は2年目の枝で咲くため、花を見るには枝を伸ばしたままにしなくてはならない。

この‘グレース’なら、季節ごとに赤銅色〜青みや灰色がまざった色〜真っ赤な紅葉まで、長くさまざまな葉色を楽しめる。

毎年、春までに前年に伸びた枝を剪定すれば、そういう楽しみ方が可能だ。

6月。強剪定して2カ月半後の姿（花壇中央）。枝が伸び、美しい銅葉がふさふさと出て植栽の締め役に。

8月。さらに枝が伸びた晩夏。‘グレース’の葉は、赤銅色からグレーをおびた緑に変化してとてもきれいだ。

1 剪定前。細い枝がピューッと高くたくさん伸びている。このままにしておけば枝の先端に煙状の花が咲くが、間近では見られない。

2 剪定後。細く伸びた枝を整理し、残す枝は短めにカット。全体の高さをかなり低くした。目線に近いところで、季節で変化する葉を楽しめる。

枝が出ていれば主幹級でもバッサリと

昨年の芽から出たたくさんの枝。細い半端な枝はすべて根元から切ってしまっていい。

太い幹は株元付近で剪定した。短めに切った枝にたくさん芽があるので心配ない。

同様の剪定ができる低木

アメリカテマリシモツケ‘ディアボロ’、ネグンドカエデ‘フラミンゴ’、オウゴンアカシアなど、葉色が美しい木は同じように剪定するといい。

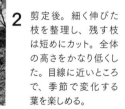

葉色を保つ低木（シモツケ‘ライムマウンド’）

バラ科の落葉低木で、この品種は名前のとおりライム色の葉が特徴。
樹高はせいぜい80㎝程度だから剪定しなくても邪魔にはならないが、切らないと葉の勢いがなくなり、
この品種のよさが出なくなる。新芽が出る前に昨年伸びた枝をばっさりと切ろう。
さらに花が咲き終わったらもう1回切り戻すと、また新芽が出て秋まできれいな葉色を長く保てる。

↑名前のとおり、ライム色の新葉がとてもきれいな５月。株姿もこんもりと丸くコンパクトだ。

↑剪定から３カ月後の６月には、すっかり枝が伸び、株姿もふんわりとしてきて花芽も出てくる。このあとピンクの花が株を覆うように咲く。

→初夏の花が咲き終わったら、全体を刈り込むように剪定しておいた株。真夏もきれいな葉色と整った株姿を楽しめる。

←

1 冬に残っているのはすべて前年に伸びた枝。どこを切るかなどと考えずに、とにかくバッサリと切っていい。

2 剪定前の右の株と比べるとどれだけ短く切ったかがわかるが、これで問題ない。このあと、すごい密度で枝が伸びてくるから、芽の数や向きは気にせず切ってよい。

同様の剪定ができる低木

‘ライムマウンド’と株姿がそっくりで、葉色はややオレンジをおび、花色もやや濃いシモツケ‘ゴールドフレーム’。同様に剪定するといい。

冬の作業②

バラの剪定と誘引

剪定や誘引はバラの大切な作業ではあるけれど、
特別扱いはせずに気楽に作業をしよう。まずは自分のバラの
特徴を理解すると、そのバラに合った仕立て方が見つかるはずだ。

木バラを低めに剪定（ハマナス）

ハマナスは北海道から本州の海岸などに自生している原種の木立ち性のバラ。

春以降に伸びた枝に花をつけるので、春前なら強剪定しても大丈夫。

基本的にはハイブリッドティー（HT）の剪定と同じだ。

ほうっておいても株がややしだれながら丸くいい形にはなるが、やはり去年伸びた枝は短く切っておいたほうがいい。

After

この3株のハマナスは園芸品種の'ブラン ドゥブル ド クベール'。香りがよく、ミツバチにも人気で、オレンジ色のローズヒップも楽しめる。

6月下旬、高めに剪定した正面の株から開花。翌月には強剪定した奥の2株が旺盛に開花してくれる。

Before

1 3株あるハマナスの剪定前。春に花をつけた枝が伸びて、すでに芽吹いているが、剪定後にもまた芽は出てくる。

2 芽の向きや切る角度は気にせずに。長く伸びた枝は短めに、細かい枝は根元から剪定したことで、全体の大きさを抑えられた。

開花期をずらすための剪定

剪定の際、やや高めに剪定した1株は、残した枝にできている花芽が早めに動き開花が早まる。この花壇には3株のハマナスがあるため、左の1株だけ控えめに剪定した。3株で剪定の強弱をつけることで開花期がずれ、その分、花を長く楽しめる。

同様の仕立てができるバラ

性質がさまざまなバラの中でも、四季咲きのハイブリッドティーなら、同じように強剪定ができる。

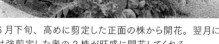

つるバラをしだれさせる誘引（バラ‘コンプリカータ’）

つるが旺盛に伸びるバラは、180〜200cmの壁があればできるだけ広げて、株全体に日が当たるように這わせる。

ナチュラルガーデンズ MOEGIでは、石積みの上から下に向けてしだれさせている。

不要な枝を整理したあと、残した枝でやわらかく曲げられるところを倒して固定する。

もちろん、しだれさせずに地面から上に向けて仕立ててもいい。

After

壁を覆うように咲いた‘コンプリカータ’。一季咲きだが、一重の大輪の花が満開になると、周囲がとても華やかになる。青リンゴのような香りも魅力的だ。

Before

1 傷んでいる枝、枯れている枝を短くしたり根元から切ったりする。前年に花の咲いた小枝、縦線が入って乾燥している枝は、少し切ってみて枯れていたら切る。

2 ふにゃっと曲がる枝を下ろし、壁に沿ってしだれるように誘引する。

3 石積みに挿した枝はスモークツリーの剪定枝を切って利用した。そこに‘コンプリカータ’の枝を麻ひもなどで固定する。

同様の仕立て方ができるバラ

小型の構造物に仕立てることが多い、半つる性のローブリッター。コンプリカータほどの規模にはならないが、同じようにしだれさせることができる。

仕立てるときにどの枝にも日が当たるように枝の間隔を調整することで花もたくさん咲く。

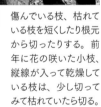

枝を倒して横に広げる（ロサ・ガリカ・オフィキナリス）

枝がやわらかくふにゃふにゃしているロサ・ガリカ・オフィキナリス。

一季咲きで1年目のシュートでは花が咲かないバラなので、基本的に剪定はしなくていい。

剪定しないかわりに「ペギングダウン」という作業をしよう。

枝を倒して四方八方に広げる仕立て方で、空いている場所に枝をもっていけるよい方法だ。

Before

1 傷んでいる枝、枯れている枝を短くしたり根元から切ったりする。前年に花の咲いた小枝、縦線が入って乾燥している枝は、少し切ってみて枯れていたら切る。

2 伸びた枝を折れないように横に倒し、枝の先端のほうに麻ひもを結ぶ。

3 麻ひもを地面に挿したペグにも固定する。ペグは剪定枝などを使うといい。

4 同様に枝を倒し、タコの足のようなペギングダウンが完成。倒さずに立てたままの枝があってもいい。

↓

After

枝を広げて株元にも日が当たるようになり、翌春にはまんべんなく花が咲いた。上から見ると広がって咲いているのがよくわかる。広い場所を覆うグラウンドカバーにもなるし、雑草も出にくくなる。

同様の仕立て方ができるバラ

ロサ・ガリカ・ヴェルシコロールなど、木立ち性でも枝がふにゃっとしているもの。1年目の枝を切らずに残して咲かせるので、枝がしなやかでも新しい枝に花をつけるHTには向かない。

Part 5

「これからの庭」の植栽図鑑

Paul's planting guide

太陽が動き、気温の上がり下がりがあり、
さらに、さまざまな土壌や勾配などの上に、私たちの庭は広がっている。
複雑に入り組んだ環境の見極めは難しい。
日なたのすぐ脇は、半日陰かもしれない。日陰の土は、意外に乾いていたりする……。
植栽はそんな複雑な環境を探りあてることを必要とされる。
季節ごとに多様な景色を見られるようにもしておきたい。
この植栽図鑑は、そうやって選んだ植物と、それぞれの舞台の解説。
あなたの庭づくりのヒントにも、なることだろう。

Paul's planting guide

木陰の日照を適切に保ちつつ 多様な植物を重ね合わせる

ここは、以前は斜面だった場所で、雨水が下に流れてしまい、植物が育ちにくかった。そこで石積みを築いてテラス状にしたことで、土壌の水分が保たれるように。同時にハルニレや後方のモミジの枝透かしをして日照も確保。多くの植物にとって育ちやすい環境が整った。

そうしてできた場所に多種類の植物を植えつけ、さまざまな形や色の葉が多様な表情を見せてくれるようにした。

左手奥で白い花をつけているオニシモツケは、十分な水分があればりっぱに成長する。その右側のヨロイグサは、少し遅れて花期に入っていく。

一方、右側は比較的、日が当たる場所で、ネペタやシモツケが花を見せている。また石積みの縁は土が浅い。そのため、この部分には気に入った場所に自分で移動していく植物を植えた。クサボタン、ドイツスズラン、ヤマオダマキなどだ。

斑入りのギボウシや軽やかさを出すカレックスは、植物同士をつなげてくれる名脇役。これがあるかないかで印象はずいぶん変わるだろう。

環境
乾燥した日陰だが、写真右側は比較的に日照がある。土の深さ、樹木からの距離によっても、土壌環境は微妙に異なっている。

❻カレックス エラータ 'オーレア'
Carex elata 'Aurea'
花期 4～6月／草丈 約60cm
カヤツリグサ科の多年草で、本種はイギリスの沼地で発見された突然変異株。細い葉が植栽に変化をもたらすリーフプランツで、この品種は明るい葉色が特徴だ。その美しさは庭でもきわ立っている。

❼ギボウシ 'ワイドブリム'
Hosta 'Wide Brim'
花期 6～7月／草丈 50～60cm
ギジカクシ科の多年草。このギボウシは、葉の縁にクリーム色の斑が入る中型種。大きな葉が幾重にも重なり合う姿が美しい。

❽ドイツスズラン
Convallaria majalis
花期 5月／草丈 約20cm
キジカクシ科の多年草で、ヨーロッパでは春の到来を知らせる花と言われる。花の可憐さと香りが有名だが、葉も花壇では活躍する。乾燥した日陰でも頑張ってくれる。

❾ネペタ 'ブルードリームズ'
Nepeta subsessilis 'Blue Dreams'
花期 6～8月／草丈 約60cm
シソ科の多年草。印象的な青い花をたくさんつけ、早めに切り戻すと再び花がつく。日なたから木陰まで植えられる。

❿シモツケ 'ライムマウンド'
Spiraea japonica 'Lime Mound'
花期 7～8月／草丈 約80cm（ただし切り戻しで40cmほどに保っている）
バラ科の落葉低木で、ライム色の葉にピンクの花がよく目立つ。毎年、春に40cmほどに強剪定すると、葉が大きく花もみごとに。花後にも切り戻すと、葉が秋まで美しく保てる。切り戻さないと魅力を半減させてしまう。

この植栽とほぼ同じ場所で、6月29日に撮影した景色が98〜99ページの写真です。

❶ハルニレ
Ulmus davidiana var. japonica
花期 4月／樹高 約30m
日本原産のニレ科の落葉低木。日本各地に自生するが、寒冷な地域により多く見られる。春に花がつくことから、この名前に。花は目立たないが、新緑が美しい。

❷イロハモミジ
Acer palmatum
花期 4〜5月／樹高 7〜8m
ムクロジ科の落葉高木。既存の樹木だったがハルニレの陰になっていて、育ちが悪かった。光が差し込むようにハルニレを剪定したことで順調に育っている。モミジは自然樹形を生かしてこそ、春の芽吹きや紅葉が美しい。

❸オニシモツケ
Filipendula camtschatica
花期 6〜8月／草丈 100〜200cm
バラ科の多年草。山地の草地や湿地に生息。泡のような花は遠目からもよく目立つ。以前は水がとどまりにくい勾配のきつい斜面に植わっていたので、根が乾燥して育ちが悪かった。この場所に移植してりっぱになった。

❹ヨロイグサ
Angelica dahurica 'BLBP02'
花期 7月／草丈 200〜300cm
セリ科の二年草。原種はアルプスなど山地に自生して、強い耐寒性をもつ。香り高い精油が採取でき、薬効のあるハーブとしても知られているが、この品種は特にすぐれている。切れ目の入った葉も鑑賞的価値が高い。

❺クサボタン
Clematis stans
花期 8〜9月／草丈 約80cm
キンポウゲ科の多年草で、日本の固有種。山地や林の縁に自生し、花びらの先がそり返った逆釣鐘形の淡い紫の花をつける。つるを出して移動する性質だ。

広場に降りるなだらかな坂の途中にある植え込み。この前はテラスになっていて人が集まる場所だから、花がない時期でも葉で十分楽しめるものを植えている。

手前のライム色の葉のシモツケ‘ライムマウンド’の少し奥は、オオバギボウシ。このあと花芽が上がり、モリモリとしたこれらの植物の中に入っていてもよく目立つ。

そのほか、切れめがこまかくギザギザとしている葉、細い葉など、形状だけでも相当のバリエーションがある。

ちなみに、いちばん手前、石組みにかぶさっている葉はオミナエシ（詳細は112ページ参照）。こんなに手前に植えることはないのだが、花が咲くころはシモツケの見ごろが終わっているし、透け感のある姿でうっとうしくないので、そのまま残している。

Paul's planting guide

バラエティーに富む葉を重ねて花の少ない時期も魅せる植栽に

撮影：2018年6月9日

環境 日当たり～木陰。特別に乾燥しているところは、石のすぐ上くらいで、ちょうどいい乾燥具合。奥のハルニレの大木の影がかかる場所は日陰がちになっている。

❶オオバギボウシ
Hosta sieboldiana var. sieboldiana
観賞期 5～7月／草丈 約100cm
キジカクシ科の多年草。標高が1250m近く夏でも涼しいこのガーデンだと、水分さえ足りていれば日当たりでもよく育っている。ただし、青みがかった葉色は日当たりだとやや薄くなり、日陰だと濃くなる。根が乾燥しないように、株元に腐葉土を敷いておくとよい。

❷ヤツカタネアザミ
Cirsium yatsualpicola
花期 7～9月／草丈 70～150cm
キク科の多年草。八ヶ岳に自生しているアザミで、7月下旬くらいから咲く花にはハチもよく訪れる。立ち上がる前の地面にペタッと開く葉は、白い縁がありピンクがかっていて個性的な美しさが魅力だ。

❸ユウスゲ
Hemerocallis citrina var. vespertina
花期 7月／草丈 約100cm
ユリ科の多年草。細い葉をもつキスゲの仲間。夕方から翌朝まで、レモンイエローのユリのような花が咲くと、あたりは甘い香りが漂う。

❹アスター‘アイデアル’
Aster cordifolium 'Ideal'
花期 8～9月／草丈 100～120cm
キク科の多年草。小さい白と青が混ざったような小さな花がたくさん咲く。6～7月ごろにピンチしておくと、コンパクトになり、倒れるのを防げる。寒さにも暑さにも強い。

❺ネペタ‘ブルードリームズ’
Nepeta subsessilis 'Blue Dreams'
花期 6～7月／草丈 約60cm
詳細は100～101ページを参照

❻シモツケ‘ライムマウンド’
Spiraea japonica 'Lime Mound'
詳細は100～101ページを参照

Paul's planting guide

狭小の植え場所で立体的な演出と鮮やかな組み合わせ

撮影：2017年6月29日

敷石を敷き詰めてテラス状にしたスペースに、敷石1～2枚ほどの小さな面積を空けて植栽場所をつくった。ここにつる性のスイカズラを植えて、パーゴラに誘引。その株元のすぐ隣りには美しい葉色が長期的に楽しめるシモツケ‘ライムマウンド’をあしらっている。

土壌は乾いた場所ながら、石積みから伝わってくる水分が浸透している。その石積みの上の角に植えたのがアルケミラ・モリス。これも明るい色彩をこの場所に与えてくれる。

興味深いのはベンチの足元から、ちらりとのぞくフジアザミとギボウシだ。乾燥を好むフジアザミと湿り気を好むギボウシが、なぜ共存できているのか不思議に思うことだろう。このギボウシはフォーチュネイ系で、若干の乾燥なら耐えられる。そしてフジアザミの株元は水はけのよい砕石なので、こぼれダネが腐らずに育つことができた。

スイカズラのすぐ横にベンチを置いたことで、甘い花の香りに包まれる心地よいスポットに。

環境　低いところは日陰、パーゴラの上は日向という環境。土はやや乾燥ぎみ。

❶スイカズラ（ハニーサックル）
Lonicera japonica
花期 5～7月／
（つるの長さ）樹高5～6m
スイカズラ科の木質系のつる性植物。甘い香りと蜜でミツバチを呼び寄せてくれる。この株はいつもの散歩道で発見した、花色が黄色、白、ピンクと混ざって咲く珍しいもの。挿し木で育てた。

❷シモツケ‘ライムマウンド’
Spiraea japonica 'Lime Mound'
詳細は100～101ページを参照

❸アルケミラ・モリス
Alchemilla mollis
花期 6～7月／草丈 約50cm
バラ科の多年草で、適湿土壌の日なたから木陰までを好む。黄色の花が愛されるが、丸みをおびたもみじ葉も特徴的で、雨のしずくが残っている様子は格別。花後に切り戻すと、新しい葉が出て秋まできれいな状態で楽しめる。

❹ジューンベリー
Amelanchier lamarckii
花期 4～5月／樹高 3～5m
バラ科の落葉中高木。この写真には写っていないが右側に植栽。スイカズラが咲く前に、ノイバラのような小さな花を見せてくれる。6月ごろにはおいしい実も。周囲にはギボウシなどが好む木陰ができる。

環境

細長いこのエリアは、手前が日なたでやや湿った土壌。右奥は木陰になり、やや日照が少なくなる。

Paul's planting guide

森や草原に続く一画を自生種主役のさりげない花壇に

撮影：2016年5月25日

八ヶ岳の森や草原に続くエリアにあるこの花壇は、自生種を中心に使って落ち着いた雰囲気の植栽を目指した。ツツジはもともと植えられていたもので、丸く刈り込まれていなかったので自然の樹形を残している。そこにクサソテツ、大型のギボウシ、八ヶ岳にも自生しているコアヤメを合わせている。

やわらかい葉のクサソテツ、大きな面のギボウシ、直線的なコアヤメと、姿形や質感が異なる植物がお互いを引き立て合う組み合わせだ。

さらに柔らかいラインで軽さを出すカレックス、長期間、美しい葉色を見せるシモツケなども加えて、魅力ある時期を長く保っている。

❶ヤマツツジ
Rhododendron kaempferi var. kaempferi
花期 4～5月／樹高 100～200cm
ツツジ科の常緑～半常緑低木。街中のほとんどのツツジ、サツキは丸く刈り込まれて、どれも同じに見えるが、ここでは自然樹形を生かしているので花がきれいに咲く。混み合っている枝を抜くように剪定して、株元に日照を確保するので足元まで多年草の植栽ができる。

❷クサソテツ
Matteuccia struthiopteris
草丈 40～80cm
コウヤワラビ科のシダ類の一種で、弧を描きながら広がる葉が美しい。ココミなどの別名でも知られ、食用にも。湿り気のある土壌を好み、地下茎で広がっていく。

❸コアヤメ
Iris sibirica
花期 5～6月／草丈 50～120cm
アヤメ科の多年草の原種。まっすぐに縦に伸びる葉が周囲の葉の形とよいコントラストをつくり、濃い紫の花が美しい。やや湿った日なたが栽培適地。

❹ギボウシ '長大銀葉'
Hosta 'Chodai-Ginba'
花期 7～8月／草丈 130～180cm
キジカクシ科の多年草。やや灰色を帯びたブルー系の大型種。丈夫な茎で立ち上がりボリュームある草姿。食用にも適しているので花壇に植えると一石二鳥。

❺カレックス 'カガニシキ'
Carex dolichostachya 'Kaga-nishiki'
花期 4～6月／草丈 約40cm
カヤツリグサ科の多年草。原種は山地に自生する。丈夫で花壇では他の植物のつなぎ役として重宝する。この品種は名前のとおり、黄金の葉色に斑が入って鮮やか。早春に傷んだ葉を切り戻すと、新しい葉が出て秋まで楽しめる。

❻ナガボノアカワレモコウ
Sanguisorba tenuifolia var. purpurea
花期 7～10月／草丈 80～200cm
バラ科の多年草。写真ではまだ小さいが、コアヤメが咲き終わったあとに葉が茂り、花茎が立ち上がって濃い紫の花をつける。花茎の隙間から奥の植物も見えるので花壇の手前に使うと奥行き感が出せる。

Paul's planting guide

バラを低木のように使い 白、黄、紫がなじむ花壇

ROCKの南西に位置する花壇。きれいに咲いているヤマボウシの手前は低木として扱えるバラ、いわゆるシュラブローズの'アルバセミプレナ'。植え込んだ3年後にはバラが大きく育ち、いっしょに植えた多年草もそろそろ株分けの時期になる。バランスを見ながら植え直すとちょうどよい。

白花ばかりだと反射したような景色になるので、薄い黄色の花(アルケミラ・モリス)やグラス(コメガヤ)と、黄色と反対色の紫のサルビアやゲラニウムを入れている。

左奥のオニシモツケは、ここは乾燥ぎみのため草丈が70cm程度。湿り気のある花壇では100cm以上になっている。同じ植物でも、環境の違いで育ち方が変わる。

撮影:2018年6月9日

環境 終日よく日が当たる、このガーデンでは数少ない場所。この花壇自体は乾燥しているが、ヤマボウシの下は木陰になり、やや湿っている。

❶ヤマボウシ
Cornus kousa ssp. kousa
花期 5~6月/樹高 7~8m
ミズキ科の落葉高木。春の花から、オレンジや赤のまん丸の実、そして秋の紅葉まで楽しめ、庭木としても人気がある。雑木林風の植栽にするには、下まで一度切り戻しをして株立ちに仕立てる。育てながら下枝を落として樹冠を上げれば、あとは特に手がかからない。

❷バラ'アルバセミプレナ'
Rosa 'Alba Semiplena'
花期 5~6月/樹高 約150cm
バラ科の落葉低木。原種系のバラの中でもアルバ系の品種はきちんとした低木として扱えるので、庭木のような扱いにしてもよいだろう。一季咲きのため、ハイブリッドローズのように毎年剪定する必要はない。弱っている枝、活躍していない枝のみ取り除く。

❸ムラサキセンダイハギ(白花)
Baptisia australis 'Alba'
花期 5~6月/樹高 約120cm
マメ科の多年草。名前にはムラサキがついているが、これは白花。マメ科の植物は、土を良化する作用があり、菌でつながると他の植物も元気になる。見た目も植物の健康にもよい。

❹アルケミラ・モリス
Alchemilla mollis
詳細は103ページを参照

❺サルビア'トワイライトセレナーデ'
Salvia pratensis 'Twilight Serenade'
花期 5~9月/草丈 40~100cm
シソ科の多年草。ここには植えたわけではなく、どこかからタネが飛んできたのか堆肥に入っていたのか、自然に出てきた。色も他の植物と合うので、ここにいてもらっている。ハチがよく寄ってくるし花期も長い多年草なので、タネからふやして他の場所にも植栽している。

❻ゲラニウム'ジョンソンズブルー'
Geranium 'Johnson's Blue'
花期 5~9月/草丈 30~50cm
フウロソウ科の多年草。ゲラニウムの中でも人気のある品種で、花がよく咲く。咲き終わったら切り戻すと、秋に咲くこともあるし、仮に咲かなくても新芽を出してきれいな株姿のまま秋になる。

❼コメガヤ
Melica nutans
観賞期 4~7月/草丈 20~30cm
イネ科の多年草。道などによく生えていて踏んで歩いているようなイネ科のグラスだが、花壇で使ってみたら、その魅力がきわ立った。初夏に穂が出るとかわいらしく、とても人気がある。少しずつ広がるが、他の植物を追い出すようないやなふえ方ではなく、コメガヤの隙間から他の植物が育つ。

撮影：2020年6月27日

Paul's planting guide

多年草や低木がバラの株元に日陰をつくり、景色も華やかに

広場に続く道に面した日当たりのいい花壇。右奥の色の濃いモリモリとした葉は、早咲きで先に花が終わったサンショウバラ。

傾斜のある道から、低めの石積みで花壇を仕切っているが、バラが植えられているところは、さらに1段高くなっている。そこの土は腐葉土が入っていてふわふわだ。

パーゴラに仕立てたランブラーローズ‘ポールズ ヒマラヤン ムスク’も、手前のガリカローズも、見てのとおり、株元は草花で埋まっている。バラの株元には何も植えずに茶色い地面になっていることが多いけれど、バラの株元には草花を植えてはいけないということではない。バラの根は、よくこれで咲いているなと思うくらい、地上部に比べて根が単純で、数本しかない。かえって少し日陰をつくってあげたほうが根元が湿り気を保ち涼しいのでバラの健康を保てるんだ。

ここでもシモツケやリクニス・コロナリアがバラの株元を覆っている。みんな元気でよく咲いているし、彩りとしてもきれいな景色になっている。

環境

日当たりがよく、傾斜のある道沿いの花壇で排水性がいい。
奥のサンショウバラの足元は半日陰〜木陰。
このように同じ植え込みでも、数cmで環境が異なる場所もある。

❺アルテミシア‘モリーズ ストレイン’
Artemisia stelleriana 'Mori's Strain'
観賞期 5〜9月／草丈 10〜20cm
キク科の多年草。北海道の砂浜などに自生していて、砂利や小石の多い土地でも育つ。この花壇ではこのアルテミシアまでが日当たりになる。銀葉がきれいで株も密に茂るので、花壇の手前に入れると効果的だ。

❻ブルンネラ‘ハドスペンクリーム’
Brunnera macrophylla 'Hadspen Cream'
花期 5〜6月／草丈 40〜50cm
ムラサキ科の多年草。奥のサンショウバラが木陰をつくっているのできれいに育つ。日が差すと葉が傷みやすいし、十分な水がないといやがる。ここはたくさんの腐葉土を入れているので調子がいい。

❼チョウジソウ
Amsonia elliptica
花期 4〜6月／草丈 50〜90cm
キョウチクトウ科の多年草。ヤナギのような細い葉で、花は薄いブルー。ブルンネラにかぶさるように日陰をつくってあげている。日なたを好むが、半日陰でも頑張ってくれる。

❽サンショウバラ
Rosa hirtula
花期 5月／樹高 80cm〜5m
バラではあるが、幹がしっかりと太く、木と考えたほうがいい。他のバラに先立ち、平咲きのピンクの花を咲かせ、そのあとはこのように日陰をつくる。

❶バラ 'ポールズ ヒマラヤン ムスク'
Rosa 'Paul's Himalayan Musk'
花期 5〜6月／樹高 約6m
バラ科のランブラーローズで、サクラのような淡いピンクの小輪の花が咲く。咲いているときにそばを通ると、ふわりといい香りがする。一季咲きだが、春の咲き姿はみごとだ。

❷ガリカローズ
Rosa gallica
花期 5〜6月／樹高 約80cm
バラ科の落葉低木。少しずつランナーを出しながら広がる原種のバラ。勝手に成長して広がるのがイヤという人は避けたほうがいい。好き勝手に広がるようなのり面などに向いている。

❸ヤマブドウ
Vitis coignetiae
観賞期 5〜10月／樹高 10m以上
ブドウ科のつる性落葉低木。パーゴラの奥から手前に向かって這わせている。バラの花が終わるころから葉がりっぱになり、秋になると紫、赤、オレンジに紅葉する姿も楽しめて一石二鳥。

❹リクニス・コロナリア 'アルバ'
Lychnis coronaria 'Alba'
花期 5〜6月／草丈 40〜80cm
ナデシコ科の多年草。植えていないのだが、おそらく排水用の砕石に入っていてここを居場所にしたようだ。ジメジメしたところでは腐ってしまうが、排水性がいいこの場所は住み心地がよいらしい。銀色の葉もきれい。

環境

半地下のような
低い場所にあり、
湿った日陰になっている。

Paul's planting guide

自生種中心のホワイトガーデン 強いもの同士でバランスを確保

くぼんだ場所に位置して、なおかつ高木や低木の陰になっている。こうした暗い場所には、白い花や斑入りの葉の植物を植えると、光が差したように明るく感じられるものだ。

この場所には、もともとフイリイワミツバが繁殖していた。フイリイワミツバはセリ科特有のレースフラワーに似た涼しげな花をつけるが、はびこりやすい。私は、この場所を占拠されるのを避けたかったので、ギボウシやアストランティアなどを植えた。丈夫な植物同士でバランスをとってもらう作戦だ。あまり人為的にコントロールせず、年によって景色が自然に変化するのを楽しんでいる。

❶ギボウシ フォーチュネイ 'アルボマルギナータ'
Hosta fortunei 'Albomarginata'
花期 7〜8月／草丈 約60cm
キジカクシ科の多年草。ギボウシは品種が多いが、このフォーチュネイ系ギボウシは、他の品種に比べると早く大きくなり、株分けしてもすぐにりっぱになる。グラウンドカバーにおすすめだ。ある程度の日射にも耐えてくれ、薄紫色の花をつける。

❷アストランティア 'メイジャー'
Astrantia 'major'
花期 7〜9月／草丈 約80cm
セリ科の多年草で、ヨーロッパの高地が原産地。小花が固まったユニークな形の花が数多く咲く。湿り気のある日なたに植えると花がよく咲き、葉も大きくなる。背の高いグラウンドカバーとして用いるのもおすすめ。

❸フイリイワミツバ
Aegopodium podagraria (variegata)
花期 6〜7月／草丈 約50cm
セリ科の多年草で、ヨーロッパ原産。不規則に入る斑入りの葉が特徴。繁殖しすぎることもあるので、植え場所に注意。鉢植えでも元気なので大鉢に植えてもいい。ギボウシの隙間に植えると、日陰を明るく見せてくれる。

❹ドクダミ 'カメレオン'
Houttuynia cordata 'Chameleon'
花期 6〜7月／草丈 15〜60cm
ドクダミ科の多年草の斑入り品種。五色ドクダミとも言われ、薄い緑や赤色の斑が入る。地下茎で這い広がるのでグラウンドカバーに。湿り気のある日陰が適地。

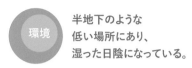

Paul's planting guide

はっきりとした 花色の植物を集めて 花壇の存在をアピールする

ここはホテルのすぐ近くで、森に行く人が通り抜ける小道の一画。ユリなどは以前から植えられていたが、通路と植栽部分の境界がわかりにくかったために、植物が踏まれてしまったこともたびたびあった。

そこで植物の存在が一眼でわかるように、わかりやすい植物を植えてみた。色鮮やかなフシグロセンノウなどだ。

植え方も工夫している。もとから植えられていた植物を傷めないように、地面にふたをするように段ボールを広げ、その上に腐葉土をたっぷりと敷き詰めた。それから新たな植物を植えていったんだ。こうすることで木の根っこも傷めることがない。やや暗かった木陰も、鮮やかな花々によって華やかな空間に感じられるようになった。

環境　木陰で半日陰の状態。土はやや湿りぎみ。

❶ヤマユリ
Lilium auratum
花期 7〜8月／草丈 100〜150cm
ユリ科の多年草、または球根植物。近畿以北の本州の山地に自生するが、開発やシカに食べられたりして、自然ではなかなか見ることができなくなっている。花が乏しくなる夏に咲き、木陰を華やかにしてくれる。香りもよい。

❷フシグロセンノウ
Silene miqueliana
花期 7〜8月／草丈 40〜80cm
ナデシコ科の多年草で日本の固有種。野生と思えないほどの鮮やかな花色だが気品がある。森の木漏れ日の中に咲く花で、シダ類やギボウシなどと相性がいい。

❸サラシナショウマ
Cimicifuga simplex
花期 8〜10月／草丈 100〜150cm
キンポウゲ科の多年草で、日陰を好む。他の多年草が盛りを過ぎたころに活躍し、きれいなカーブを描く花茎が魅力的なので、しばしば花壇の前に植えている。

❹アデノフォラ ポタニニー
Adenophora potaninii
花期 7〜8月／草丈 約50cm
キキョウ科の多年草。黒褐色の花茎が立ち上がり、釣鐘形のかわいらしい紫の花を多数つける。ほとんどの葉が株元についているので、花壇の手前から奥まで自由に使える。

❺ギボウシ
Hosta
花期 7〜8月
キジカクシ科の多年草。半日陰のやや湿った土壌が最適。大きめの葉が花壇のベースを形づくる役割をしてくれる。写真ではわからないが、ここでは大葉と小葉のギボウシを混植している。

環境

周囲に陰をつくる大木や建物もなく、一日じゅう日が当たる、乾燥した日なた。
土は10～15cm下は粘土質の土、その上に砂利を敷いている。

Paul's planting guide

来場者を出迎える バラが咲くグラバル花壇

ROCKの前にある、もともと駐車場だった場所。アスファルトだけはずし、土はほとんど掘り上げていない。何十年も表に出ていなかったであろう粘土質の土の上に、深いところは15cmくらい砂利を入れ、そこにバラを植栽した。

ここにバラを植えたのは、株が育って根が粘土質の土まで到達すれば、その土は完全に乾燥することはないから、バラもそれなりに育つだろうという目論見があったからだ。人目につく場所なので、ここなら植物に興味のない人でもバラだとわかって見てくれるだろうという理由もある。バラは、芽を出させるためにペギングダウン（枝を地面に倒して固定させること）させて株を平べったい形にしているので、他の植物は対照的に縦に伸びるものを中心に植えている。

撮影：2020年6月27日

❶バラ ロサ・ガリカ オフィシナリス
Rosa gallica Officinalis
花期 5〜6月／樹高 120〜130cm
バラ科の昔の品種で一季咲き。枝を横に倒し、タコの足が四方に広がっているような形にすることで、株全体に日が当たり、萌芽が促される。花も株の数以上に咲いているように見える。

❷エリンジューム 'ブルーグリッター'
Eryngium planum 'Blue Glitter'
花期 5〜6月／草丈 50〜80cm
セリ科の多年草。初夏にシルバーがかった青紫の球状の花をつけ、葉や茎の色も青みのある銀色となる。まっすぐ上に伸びる草姿で、バラの花壇の中においても存在感がきちんと出る。

❸セントランサス 'スノークラウド'
Centranthus ruber 'Snowcloud'
花期 5〜6月／草丈 40〜60cm
オミナエシ科(スイカズラ科)の多年草。イギリスでは古い石積みの目地などに生えていて、ここでも自分で好きな場所に動いて生きている。他の植物がうまく育たない場合を考えて、こういう勝手に動く植物を入れておくと保険になって安心だ。

❹サルビア 'パープルフェアリーテイル'
Salvia verticillata 'Purple Fairy Tale'
花期 5〜9月／草丈 40〜60cm
シソ科の多年草。細く長い花穂に、濃い紫の花が段咲きになる。乾燥した砂利の中でもよく育っている。サルビアの中でも野性的な雰囲気の花を選ぶと、ランダムに植えているように見える花壇の中でも違和感がない。

❺ミューレンベルギア レバーコニー 'アンドーンテッド'
Muhlenbergia reverchonii 'Undaunted'
観賞期 5〜10月／草丈 50〜60cm
イネ科の多年草。初夏はグリーンの細葉が涼しげ。秋になると赤い穂が出て、草丈も高くなり、特に朝方や夕方には低い位置から光が穂に当たってきれいな姿を見せる。耐寒性は十分で標高1200mのこの場所でも元気に育つ。

Paul's planting guide

風や日差しに耐えてたくましく緻密に組み合わせたドライガーデン

撮影：2020年6月26日

ナチュラルガーデンズMOEGIでもっとも東西に長い植栽のエリア。ここには山のてっぺんや浜辺に自生するような植物を集めている。両者の環境は異なって感じるかもしれないけれども、強い風や無機質なやせた土壌という点で共通している。以前は草ボウボウだったこの場所の表土を掘り下げたうえで、10cmほど採石を敷き詰めた。こうしてグラバルガーデン（砂利の庭）をつくったんだ。

2枚の写真はグラバルガーデンの異なる方向を、時期をずらして写したもので、植物の組み合わせや季節による変化が見てとれる。

右側の初夏の写真は、西側から見たところ。黄色のサーモプシス‘カロリニアナ’が直立して花をつけている。こんもりとした株を形成するハマナスと互いを補い合っている。間に植えたさまざまな植物が、引き立て合いながら見ごろを引き継いでいく。右奥に見える茂った葉は、2mほど下がった部分に植えたマタタビとサルナシだ。ここでつる性植物の勢いのある様子を見せつつ、段差の下では心地よい木陰を形成する。

一方、秋に東側を撮った写真では、オミナエシが満開。草原のような景色に一変している。よく見るとハマナスに実がついていたり、涼しくなると咲き出すフジアザミも見つかる。マツムシソウの可憐な花やノガリヤスが、オミナエシの間をつないでくれ、深まる秋も想起させる。

❶サーモプシス 'カロリニアナ'
Thermopsis caroliniana
花期 6〜7月／草丈 120〜170cm
マメ科の多年草。この植物を植えることで土の状態がよくなり、上向きの草姿はこんもりしたハマナスと相性がいい。ルピナスに似ているが、こちらのほうが丈夫で乾燥にも強い。

❷ハマナス
Rosa rugosa
花期 5〜6月、10〜11月／
樹高 50〜150cm
バラ科の落葉低木。この庭でたくさん植えているが、交雑して異なる性質をもつものも多い。海岸の砂地や礫地に自生し、乾燥に強く丈夫で香りもいい。春までに強剪定すると、数は少なくなるが花は大きくなる。

撮影：2020年9月30日

環境 高台に位置して日当たりがよく、乾燥した環境だ。砂利敷きで水はけもよい。

❸ノアザミ
Cirsium japonicum
花期 5〜9月／草丈 50〜100cm
キク科の多年草で、日の当たる山地に自生する。フジアザミより先に咲き始め、草原のような雰囲気をかもしてくれる。フジアザミと自然交配した株もあり、花が普通より大きく下を向いて、春から秋まで長く咲いてくれる。

❹アムソニア 'タベルナエモンタナ'（チョウジソウ）
Amsonia tabernaemontana
花期 4〜6月／草丈 50〜90cm
キョウチクトウ科の多年草で、青い星のような花が特徴。早い時期から花をつけて花壇の見ごろを早めてくれる。美しく色づく秋の葉もいい。丈夫でほとんど手入れは不要だ。

❺マタタビ
Actinidia polygama
花期 6〜7月／
樹高（つるの長さ）3m以上
マタタビ科のつる性落葉樹。自生種のつる性植物をとり入れたかったので植栽。果実や茎などに薬効があり、白い花が咲くころに葉が白くなりよく目立つ。

❻サルナシ
Actinidia arguta var. arguta
花期 5〜7月／
樹高（つるの長さ）3m以上
マタタビ科のつる性落葉樹で、全国の山地に自生する。マタタビやキウイの仲間で、秋にとれる実は小さなキウイのようで甘くておいしい。

❼オミナエシ
Patrinia scabiosifolia
花期 7〜9月／草丈 100〜150cm
オミナエシ科の多年草。長く咲き続ける黄色の花はよく目立ち、ほとんどの葉は足元にあるので花壇の前でも後ろでもいい。バラのあとに咲き、イネ科の植物とも好相性。紅葉も美しい。無機質な土壌でも頑強に育つ。

❽マツムシソウ
Scabiosa japonica
花期 7〜10月／草丈 60〜90cm
マツムシソウ科の二年草。自生地は石だらけの場所なので、同じような環境に植えたい。生えてほしいところにタネをまくとよい。花にはチョウやハチが集まるし、黄色の花やバラと相性がいい。

❾フジアザミ
Cirsium purpuratum
花期 8〜10月／草丈 70〜100cm
キク科の二年草。花が印象的だが、株元の巨大な葉も野草では貴重。タネを飛ばしたり、最適な場所に地下茎を伸ばしてふえていく。造形的で花壇のフォーカルポイントとなる。

❿ノガリヤス
Calamagrostis brachytricha
(Deyeuxia brachytricha)
花期 9〜10月／草丈 100〜130cm
イネ科の多年草で、全国の山地に自生する。丈夫で、日なたから半日陰まで植栽できる。1株でも存在感があるし、他の植物とのつなぎ役としても重宝する。

⓫コマツナギ
Indigofera pseudotinctoria
花期 7〜9月／草丈 40〜80cm
マメ科の多年草で、草地や土手などの日なたに群生し乾燥に強い。植えると土壌改良してくれる。濃いピンク色のハギのような小花を長期間咲かせ、羽のような繊細な葉も丈夫で魅力的だ。毎年、春に強剪定で切り戻す。

Paul's planting guide

異なる性質の植物を共存させて涼しげな水辺の景色を

撮影：2020年7月30日

オルゴール博物館の前で、長年コンクリートに閉じ込められていた小川を2018年に再生した場所。小川の縁近くは常に濡れた状態。大雨で水位が上がると水に浸かる範囲も広がる。だからその部分には、水気を好む植物や水気に強い植物を植えている。ペルシカリア‘ファイヤーテイル’や、アスチルベの中でも丈夫なチダケサシなどだ。

一方、左ページの写真の右側部分は斜面の上で、土壌はやや乾燥ぎみ。だから小川の周辺とは異なる性質の植物を選ぶ必要がある。だが全体の雰囲気を壊さないように、乾燥した部分の植物を注意深く選んだ。水はけのよい土壌を好むフェンネルなども「一見涼しげ」な印象で、見た目に違和感なく調和している。

２枚の写真は、全体を写したものと、少し時期をずらして小川の奥から撮った寄りぎみの1枚（右ページ写真）。なにげない小川の風景に見えるかもしれないけれど、実はゼロからデザインしてつくられた景色なんだ。

環境　奥の木陰以外は日が当たる場所。
土壌は小川のすぐ脇はとても湿っているが、
左ページ写真の右側は高くなり土はやや乾燥ぎみ。

フウロソウ科の多年草で準絶滅危惧種。湿原など日なたの湿った場所を好むが、普通の土壌でも大丈夫。鮮やかなピンクの花、紅葉する葉など見どころ十分。群生させると見ばえがする。

⓫タムラソウ
Serratula coronata ssp. insularis
花期 7〜9月／草丈 70〜150cm
キク科の多年草。アザミに似た花だが、すっと花茎が伸びて上品な雰囲気。切れ目のある葉も涼しげで、他の植物を邪魔しない。花壇の前に点在させたり後ろに群生させても。

⓬スタキス オフィシナリス
Stachys officinalis
花期 6〜8月／草丈 20〜50cm
シソ科の多年草。地表近くに展開する葉から花茎を伸ばして青紫の穂状の花をつけ、ナチュラルな草姿。水はけのよい日なたを好み、グラウンドカバーにも最適。

⓭イブキゼリモドキ
Tilingia holopetala
花期 8〜10月／草丈 40〜130cm
セリ科の多年草で日本の固有種。山の開けた明るい場所に自生。株が広がりすぎないので使いやすい。花の形が異なるのでチダケサシと互いに引き立て合う関係。

⓮ギレニア‘ピンク・プロフュージョン’（ミツバシモツケ）
Gillenia trifoliata 'Pink Profusion'
花期 5〜7月／草丈 60〜100cm
バラ科の多年草。木陰のやや湿り気のある場所を好む。やや茶色がかった葉を生かして、高めのグラウンドカバーのように使うといい。ピンクの小花も可憐。

❶ペルシカリア ‘ファイヤーテイル’
Persicaria amplexicaulis 'Firetail'
花期 6〜10月／草丈 90〜120cm
タデ科の多年草。日なたから半日陰まで植えられて、強健な性質。土中の微生物の助けがなくても必要な栄養を取り込める性質なので、ある程度の湿り気さえあれば場所を選ばず安心して植えられる。

❷チダケサシ（アスチルベ）
Astilbe microphylla
花期 5〜7月／草丈 60〜100cm
ユキノシタ科の多年草。湿り気のある日なたから半日陰を好む。アスチルベの原種で、アスチルベ特有の細かくふわふわした花は、小ぶりで淡い色味が上品な印象。繊細な草姿が他の植物も引き立てる。

❸リグラリア ‘ザ・ロケット’
Ligularia stenocephala 'The Rocket'
花期 7〜8月／草丈 約100cm
キク科の多年草。肥沃な半日陰が栽培適地で、大きな葉の間から黒い茎を立ち上げて黄色い花をつける。花色と葉の存在感で植栽の引き締め役になる。

❹クリンソウ
Primula japonica
花期 5〜6月／草丈 40〜80cm
サクラソウ科の多年草。湿り気のある日なたを好み、水に浸っても大丈夫。紅紫の小花が可憐だが、株元の葉も環境が合うと大きくなるので花壇にとり入れるといい。

❺ギボウシ ‘長大銀葉’
Hosta 'Chodai-Ginba '
詳細は104ページを参照

❻ノガリヤス
Calamagrostis brachytricha
(Deyeuxia brachytricha)
詳細は112〜113ページを参照

❼ヤマユリ
Lilium auratum
詳細は109ページを参照

❽ヒヨドリバナ
Eupatorium chinense
花期 7〜9月／草丈 60〜130cm
キク科の多年草で日本の固有種。山地や道端で見られ、夏に咲く泡のような花は渡りのチョウ、アサギマダラやミツバチに人気。茎が黒っぽい株から選抜してタネを採取したうえでふやしている。

❾フェンネル（ウイキョウ）
Foeniculum vulgare
花期 7〜8月／草丈 60〜150cm
セリ科の多年草。かための葉の植物と組み合わせると効果的。ここではふわふわの葉が涼しげに見えるので用いている。

❿アサマフウロ
Geranium soboliferum var. hakusanense
花期 8〜9月／草丈 40〜60cm

撮影：2016年7月25日

Paul's planting guide

季節ごとに咲き継ぐ石積みの花の回廊

このエリアは、春から夏にかけては次から次へと花が咲き継いでいき、秋から冬にかけては、草紅葉や枯れ姿ももうひとつの見どころとなる。植栽で特徴的なのは、下向きのカライソウやヤマホタルブクロのほかに、写真では開花は終わっているが、バラ'コンプリカータ'もしだれさせている点だ。

一方、石垣の中央から奥は、まっすぐ上に伸びていくルドベキア マキシマやカワミドリが植えてあり、しだれる植物とのユニークな対比がある。

これらの植物はそれぞれに存在感があるものばかりだが、さらにその奥のタカノハススキやスモークツリーで、花壇のボリュームが強調されている。そこから植物のもつ生命力も感じさせる。さまざまな花の形、多様な植物の草姿が見られる植栽で、葉の多様性も見どころのひとつだ。

石積みの上の直立する植物を仰ぎ見たり、しだれる植物の花の中をのぞき込んだり、普段とは異なる視点から植物を見られるのも、この植栽ならではだろう。

環境　やや高い場所に位置する南向きの花壇。日当たりがよく、やや乾燥した土壌だ。

株植えるとタネが風で飛ばされて自然にふえていく。

❻カライトソウ
Sanguisorba hakusanensis

花期 7〜9月／草丈 40〜100cm
バラ科の多年草でワレモコウの仲間。紫色に近いピンクの花は、花後に摘むことで花期が長くなる。繊細で風情があるが、密生した株なので雑草を抑える効果も期待できる。

❼バラ'コンプリカータ'
Rosa 'Complicata'

花期 6月／樹高 約4m
古典的なガリカ種のバラ。大きなピンクの一重のバラで、開花すると黄色のしべもよく目立つ。生育旺盛で丈夫なバラなので、広い面を覆うのに適している。赤いローズヒップも楽しめる。

❽ヤマオダマキ
Aquilegia buergeriana var. buergeriana

花期 5〜6月／草丈 50〜100cm
キンポウゲ科の多年草で、朝鮮、中国、日本などに分布する自生種。山地の林の縁や草地で見られる。伸ばした花茎の先に下向きの花をつけ、可憐な姿が特徴だが丈夫な植物。こぼれダネでふえ、ちょっとした隙間から芽吹いて楽しませてくれる。

❾ヤマハハコ
Anaphalis margaritacea var. margaritacea

花期 7〜9月／草丈 30〜100cm
キク科の多年草で、北海道や本州の山地に自生する。全体が綿毛に覆われていて白っぽく見え、先端に白い小花が房状につく。日なかの水はけのよい土壌を好む。

❶ルドベキア マキシマ
Rudbeckia maxima
花期 7〜9月／草丈 160〜200cm
キク科の多年草で、日なたでぐんぐんと育つ。花が咲く前の青緑色の大きな葉も魅力的で、花壇の演出にも効果的。花後の枯れ姿も見どころで、直立した茎に真っ黒なタネが丸く残りよく目立つ。

❷カワミドリ
Agastache rugosa
花期 7〜10月／草丈 40〜170cm
シソ科の多年草で、山地の川沿いの日なたを好むが、湿り気が多いと丈が高くなりすぎてしまう。この場所は乾燥ぎみなので自然に抑えられている。茎や葉にハッカのような香りがある。

❸タカノハススキ
Miscanthus sinensis 'Zebrinus'
花期 9〜11月／草丈 150〜200cm
イネ科の多年草で乾燥した日なたを好む。穂が秋に出るが、葉に斑が入っているので、その前から楽しめる。圧倒的なボリュームで花壇の背景として活用したい。

❹スモークツリー 'グレース'
Cotinus coggygria 'Grace'
花期 6〜8月／
樹高 約3m(強剪定した場合)
ウルシ科の落葉樹で、大きな丸葉とふわふわの穂が特徴。花は2年目の枝につくがこの株は毎年強く切り戻して、たくさん出る葉を花壇のアクセントにしている。本種は葉色の変化もいい。

❺ヤマホタルブクロ
Campanula punctata var. hondoensis
花期 6〜8月／草丈 20〜80cm
キキョウ科の多年草。釣鐘形の花が特徴でしだれて咲くので、花壇の手前に植えるといい。野趣ある姿が魅力的で、1

環境

日当たりがよくほどよく乾燥した場所だが、近くにある木の影で点々と日陰もできる。

Paul's planting guide

勝手に生えたように見える それを狙った植物構成

❶キャットミント 'ピンクキャンディ'
Nepeta hybrida 'Pink Candy'
花期 6～9月／草丈 約40cm
シソ科の多年草。勢いよく成長したあと倒れるが、そのままにしておくとそのうちに立ち上がってまた咲いたりする。新芽も出やすいので、切り戻しをすれば秋まで長く咲き続けてくれる。

❷スティパ（ナセラ）テヌイッシマ
Nassella tenuissima
観賞期 5～8月／草丈 約40cm
イネ科の多年草。ちょっと傷んだ金髪みたいなグラスで、エンジェルヘアーとも呼ばれる。ここでは隙間がある何カ所に植えている。植物同士をつないでくれるこういうものがあると、さまざまな色を使っても花壇全体がまとまる。

❸アサマフウロ
Geranium soboliferum var. hakusanense
詳細は114～115ページを参照

広場の南端にある花壇。近くにアルバ系のバラがあるので、その花の丸さを崩すような、多様な植物を入れている。

ここでは、グラウンドカバーのキャットミントやアサマフウロの間から、ストケシア、バーバスカム、チーゼルなどの草丈があるものや、極細葉のスティパなどが、あちこちから飛び出す。細かい白い花はノコギリソウで、強剪定して芝生と同じ長さにすると、横に広がるという特性がある。これらをランダムに植えることで、高さにメリハリが出た。それによってそれぞれが好きな場所から生えてきた、自然の景色のように見えるからおもしろい。

❹セイヨウノコギリソウ
Achillea millefolium
花期 6～9月／草丈 約40cm
これは白花のタイプ。乾燥している場所も湿っているところもいける。強剪定すれば横に広がり、草丈が伸びて倒れたとしても全体に日が当たることで復活し、よく活躍してくれる。低めに刈り込んでいれば、芝生状になる。

❺チーゼル（ディプサカス・フローナム）
Dipsacus fullonum
花期 6～9月／草丈 60～160cm
丸いトゲトゲした花芽が上がるマツムシソウ科（スイカズラ科）の二年草。こぼれダネでふえるので、発芽が読みきれないことがまた楽しみ。1年目はロゼットをつくる。他にもバーバスカムなど、このタイプのものを点々と入れている。

環境

木陰などを除けば日中はほとんど日が当たり、土壌も乾燥ぎみ。

❶アサマフウロ
Geranium soboliferum var. hakusanense
詳細は114〜115ページを参照。この場所では、花色の薄いタチフウロも混植。

❷ケノガリヤス
Calamagrostis brachytricha
花期 8〜9月／草丈 100〜130 cm
イネ科の多年草で、この種は長野県高地の自生種。ノガリヤスの中でも株が直立して生え、葉や茎にうぶ毛があるのが特徴だ。草原にインパクトを加えたくて選んだ。

❸タカノハススキ
Miscanthus sinensis 'Zebrinus'
詳細は116〜117ページを参照

❹リョウブ
Clethra barbinervis
花期 6〜8月／樹高 8〜10m
リョウブ科の落葉小高木。全国の山地に自生。大きくなる木だが、これは移植したために小さな株立ちになっている。花期は枝先に垂れ下がるように咲く白い花が目立つ。

Paul's planting guide

理想的な草原をイメージして各植物の性格を見極めた植栽を

森に続く花壇は草原のようなさりげないものにしたかった。お手本は実際の草原だが、それだとイネ科の割合が高くなり、花壇としてはおもしろくない。私はイネ科の割合を減らしたうえで、花の咲く、インパクトのあるものを厳選した。背景のタカノハススキは、庭の骨格をつくる重要な役割を果たしているし、中ほどに植えたノガリヤスは、他の品種より力強さを感じさせる品種を選んだ。

低めの花は手入れ不要のものが多く、それぞれの植物が自分にとって快適な場所を求めて移動している。毎年、少しずつ景色が変わる。そんな花壇を眺めるのもおもしろい。

❺ノリウツギ
Hydrangea paniculata
花期 7〜8月／樹高 2〜4m
アジサイ科の落葉低木。山地の日当たりのよい場所で見かけられる。この木はタネから育てたもの。タネから育てるといろいろな大きさの花が咲く可能性があって、楽しい。早春に古い枝を強く切り戻せば夏に花が見られる。

❻アヤメ
Iris sanguinea
花期 5月／草丈 40〜70cm
アヤメ科の多年草。山地の草原に自生している。花が咲くと目を引くが、花期以外も垂直に立つ葉が植栽のアクセントになる。森の中で採取したタネをまいたら翌年に花をつけた。

❼コオニユリ
Lilium leichtlinii f. pseudotigrinum
花期 7〜8月／草丈 40〜100cm
ユリ科の多年草で、山地や草原に自生。オレンジの花は遠目でも目立ち、草原の雰囲気を出せる。点在させて植えよう。

1
2
3

Paul's planting guide

秋空に映える花と葉色 ワイルドでありながら 洗練された情景に

南向きの段差のあるエリアに、大型の植物を中心に植えている。写真の奥は日なたで砂利の土壌、手前は木陰で雨がたまりやすい粘土質土壌という異なる環境が隣り合っている場所だ。植栽したのは山頂に自生しているような野性味をもち、丈夫に育つものばかり。

夏から秋にかけて活躍するユーパトリウム、白い斑入りの細葉がすっきりとした姿のシマススキ、秋の七草のひとつとしておなじみのオミナエシなどを植えている。紫、白、黄色と色数は多いが不思議と調和していて、どれかがむやみに目立つということはない。

迫力あるユーパトリウムは、普通の庭には大きくなりすぎると敬遠するかもしれないが、6月ぐらいにバサッと短く切っておくと、丈を抑えながら花もつく。

草とりが難しいような場所に、このように丈夫な植物を、株間を狭めて植栽することで雑草が生えにくくなる。雑草対策のひとつとして覚えておくとよいだろう。

環境

左側はくぼんでいて粘土質土壌、水はけが悪い木陰。右側は日当たりよく、砕石土壌で水はけのよいエリア。

❶ユーパトリウム マキュラタム 'アトロプルプレウム'
Eupatorium maculatum 'Atropurpureum'
花期 8〜9月／草丈 150〜200cm
キク科の多年草で、フジバカマの仲間の大型種。紫色の茎がぐんぐんと伸び、夏の後半には主役級の趣に。秋が深まると花がらが茶色に乾いていき、夏とは異なる見せ場もつくる。

❷シマススキ
Miscanthus sinensis 'Variegatus'
花期 10〜11月／
草丈 150〜180cm（花穂を含む）
イネ科の多年草でススキの仲間。斑入りの細長い葉が周辺を明るく見せる。また、秋の赤みがかった穂が美しく、白い斑入りの葉とのコントラストが素晴らしい。日なたの乾燥地を好む。

❸オミナエシ
Patrinia scabiosifolia
詳細は112〜113ページを参照

撮影：2017年8月23日

植栽図鑑 索引

100ページから121ページで紹介した植物の索引です。複数ページで使用されている植物は、すべてのページを列挙しています。

Gardening with a future
おわりに

緑であれば自然だ。と勘違いしている人が多いように思います。雑草ひとつ生えていない青々した田んぼ、ゴルフ場や公園の芝生、広大な野菜畑、スギやヒノキの人工林は、生きものにとっては、大自然ではなく、緑色の砂漠と言っても過言ではないかもしれません。

小さなときから森や川で泥んこになって遊んでいた私は、友だちと夢中で遊びながらも、そこにある植物たちがいつも気になっていました。そこは当然、多種多様な昆虫や野鳥たち、リスやカエルやトカゲやヘビたちがいて、いつも何かの動きのあるにぎやかで鮮やかな世界でした。私は大自然に溶け込んでいて、自然と私の間には境界線などありませんでした。

そのころの私は、世界規模で大自然がどんどん失われていることを、まだ知りませんでした。

17歳、英国王立園芸協会ウィズリーで大好きな植物について専門的に学べる喜びに胸をふくらませていました。日本の素晴らしい植物たちと出合ったのもこの場所でした。しかし、学校では当然のように農薬の使い方や害虫駆除についての授業がありました。殺虫剤や除草剤、殺菌剤を使わなければ、園芸はできないのだろうか？ よいガーデンのためには、虫は駆除しないといけないのか？

思わず「いい虫っていないんですか？」と質問した私に、先生は余計なことを聞くなとばかりに苦い顔をして、話をそらしたのでした。

そんなとき、父がプレゼントしてくれた一冊の本によって私は救われました。さっそく庭の一角に大きな穴を掘り、水を入れました。池が完成したとたん、なんと！ どこからともなくゲンゴロウがブーンと飛んできて、ボッチャーンと池に飛び込んだのです。

自然は応えてくれる！ そのときの感動はいまも決して忘れることはありません。

その瞬間から私は庭づくりを一生の仕事にしようと決心しました。

私がこの本、庭に自然を呼ぶ方法について書かれたクリス・ベインズの『How to make a Wildlife Garden』に出合ってからもう長い歳月が流れました。その本が書かれた1985年にさえ、森林の伐採、草原の喪失、農薬を使った大規模農業によって、野生生物が急速に数を減らし、大自然は加速度をつけながらバランスを崩していました。

私は、1993年から日本各地でたくさんのガーデンや公園をつくっていますが、その間にも日本の自然がどんどん劣化していくのを目の当たりにしてきました。そして、それとともに、人の体も心もどんどん自然と離れてきているように思います。

私たちのいのちは大自然に支えられないと、維持できません。生きているということは、他のいのちからあらゆる恵みを受けているということです。そうです。ですから、私たちも他のいのちに役に立つようなことをしなければならないのです。

では、いったい私たちに何ができるのでしょう？

イギリスの郊外に住むジェニファー・オーウェンという女性は、ある日、夫に、自分たちのガーデンで見たものを記録したらきっと楽しいだろうと話しました。子どもたちもチョウを採取する手伝いや昆虫の目録を作成する手伝いをしてくれるようになりました。毎年毎年、記録をとり続け、わからないものはその標本を専門機関に送り調べてもらいました。そして、彼女は30年間で８０００種もの哺乳類、鳥類、カエル、トカゲ、昆虫、クモ類の生息を確認したのです。昆虫は２２０４種で、うち20種がイギリスの新種、さらに、４種が世界で初めての発見だったのです。

一個人の、ごくありきたりの庭でもこれほどの生態系が存在できるのです。

あなたのガーデンは、一気に地球環境をよくすることはできないけれど、住みかを追われた生きものたちにとっては、まさに命綱なのです。その場所があるかないかは、生きものにとっては重要なことなのです。

ミヤマシジミという小さな美しいチョウの食草はコマツナギのみ。コマツナギが絶えたら、いっしょに絶えるしか道はないのです。繊細な葉と明るいピンク色の花が愛らしいこの植物を１株でも庭に植えることは、あなたが思っている以上に意味のあることなのです。

さあ、まずはあなた自身のために、ガーデンをつくりましょう！　あなたにとって最も居心地のよい場所をつくりましょう。

その次には大自然への恩返しを。生きものたちに住みかを提供しましょう。そして、ときおり、静かに、庭に溶け込むようにじっと座ってみれば、生きものたちは普段の生活をあなたに見せてくれます。やさしい香りに包まれ、鳥のさえずりやミツバチのささやきに耳を澄ませ、生きものたちの姿を眺めることは、何よりも心と体が安らぎ、あなたは庭からさらに多くの喜びを得ることができるのです！

先の見えない困難な日々にあっても、人にも大自然にとっても〝未来〟のある「これからの庭」づくりを！　この本が少しでもお役に立てることを心より願っています。

一人ひとりの小さなガーデン、
そこに、生物の多様性の運命がゆだねられています。

私の理想の庭

ポール・スミザー Paul Smither

ランドスケープデザイナー、ホーティカルチャリスト。

イギリス、バークシャー州生まれ。英国王立園芸協会ウィズリーガーデンおよび米国ロングウッドガーデンズで園芸学とデザインを学ぶ。

1997年に有限会社ガーデンルームスを設立し、庭の設計、施工および園芸全般に関するコンサルティングや講師として活動。

2009年より八ヶ岳南麓に在住し、2012年より山梨県清里高原「萌木の村」にて庭づくりを始める。革新的な手法での八ヶ岳の自然と共生する庭づくりが注目されている。

http://www.gardenrooms.jp/

STAFF

装丁	中島 浩
本文デザイン	中島 浩、安田真奈己、矢作裕佳、山口華代
撮影	黒澤俊宏、ポール・スミザー、今井秀治、小倉正嗣、『園芸ガイド』編集部
イラスト	ポール・スミザー
協力	深澤てる（ガーデンルームス）、萌木の村
取材・文	山﨑弥生実
編集担当	松本享子（主婦の友社）

ナチュラルガーデンズ MOEGI
山梨県北杜市高根町清里 3545
電話　0551-48-3522
https://naturalgardens-moegi.jp/

ポール・スミザーの
「これからの庭《にわ》」

2021 年 6 月 30 日　第 1 刷発行
2024 年 7 月 10 日　第11刷発行

著者　ポール・スミザー
発行者　丹羽良治
発行所　株式会社 主婦の友社
〒 141-0021 東京都品川区上大崎 3-1-1
目黒セントラルスクエア
電話（編集）03-5280-7537
（販売）03-5280-7551
印刷所　大日本印刷株式会社

ISBN978-4-07-446434-0

本書は雑誌『園芸ガイド』の掲載記事に新規の記事を加え、編集したものです。